ロベスピエール

民主主義を信じた「独裁者」

高山裕二

新潮選書

プロローグ 「独裁者」からのメッセージ

民主主義への高まる不信

フランス革命の「独裁者」は自身も断頭台で葬られた。逮捕された際の発砲で顎が砕かれていたため、口を開くことはできなかった。その雄弁でパリを中心にフランスで絶大な支持を得た指導者は最期、何事かを語ろうとしたが、語ることはかなわなかったのである。

その後、彼は「独裁者」と呼ばれ、そのイメージが定着するに至ったが、歴史上の他の「独裁者」とは異なる面がある。それは彼が民主主義を信じ、それに身を捧げようとした、ということである。何を信じたのか、民主主義への不信がかつてなく高まる今こそ、知りたい。

近年、世界中で民主主義への不信や不満が高まっている。しかも、それは若者のあいだで顕著である。たとえば、ケンブリッジ大学のベネット公共政策研究所のレポート（二〇二〇年）によると、世界中の国々で民主主義に対する信頼がもっとも低下しているのは二〇代から三〇代後半のいわゆるミレニアル世代の若者であるという。(1)

また、ヤシャ・モンク（当時ハーバード大学）らの研究（二〇一六年）によれば、民主政治のもとで生きることは不可欠だと考えるアメリカのミレニアル世代は三〇パーセント程度しかいない。(2)

一方で、この二〇年ほどで「強力な指導者」による統治を求める人の割合はどの世代でも増えており、また政府ではなく「専門家」による統治が望ましいと回答した人の割合も三六パーセントから四九パーセントにまで上昇したという。

　世界を見渡せば、ここ数年で民主主義国家から権威主義国家への移行のほうが、その逆よりも多くなっている。二〇一四年時点ですでに、五九ヶ国で権威主義体制が敷かれ、それは世界の国々の四〇パーセントを占めていたという。[3] これに対して、上述のように民主主義への不信感を持つ若者のあいだでは、たとえば感染症のパンデミックなどの不測の事態を念頭に、「権威主義国家のほうが効率的だ」と考えて、彼の国に羨望の眼差しを向ける人も少なくない。

　その背景には、腐敗した政治家への不信、また自分たちは政治家によって代表されていないという感覚が国民のなかにあるのではないか。戦後フランスを代表する政治学者モーリス・デュヴェルジェはかつて、ドゴール将軍が再登場するなか、「代表」は社会に分散してある雑多な意見ではなく、人びとのまとまった思い＝**意思**の代表でなければならないと喝破した。そうでなければ、市民は「代表されている」と実感できず、「疎外されている」と感じるからだ。[4] 逆に、権威主義的であれ強い指導者が自分たちの意思を代表してくれていると実感できれば、有権者の多くは従う、あるいは従いたいと思うのだろう。

フランス革命と《透明》の信仰

フランス革命は、国王の「意志」から人民の「意志」にもとづく政治へと、権力（主権）のあり方を決定的なかたちで転換させるきっかけになったという点で、人類史に残る歴史的な事件である。言い換えれば、そのとき人民（民衆）が本当に「代表されている」と実感できる政治を求めたのだ。その意味で、近代最初の民主主義の実験でもあったといえる。

なるほど、古代ギリシアに語源をさかのぼる「デモス（民衆／人民）」の支配としての民主主義は、デモスがひとつの意見や意思を持つというフィクションにもとづいている。また、そもそも現代のような規模の国家では代議制が採用される以上、議員と有権者の意思は一致せず、ズレが生じるのはやむをえない。それでも、「代表されている」という実感がほとんど得られなければ、民衆は政治に疎外感や欲求不満を募らせ、代議士を介さずみずから実力行使に出て、時に暴徒化する。そこには、しばしば政治経済の支配階級への憎悪や嫉妬（＝ルサンチマン）が影を落とす。政治指導者もそれを利用し、直接的な暴力の行使や独裁を肯定することさえある。

マクシミリアン・ロベスピエール

実際、革命期には市民同士、また市民と政府との熱狂的な一体化、《透明》への執着が信仰になった[5]。なかでも、恐怖政治の「独裁者」と呼ばれるマクシミリアン・ロベスピエール（一七五八〜九四年）は、お互いの意思が一致した**透明性**を徹底して求めた。「私は人民の一員である」。そう言い続けたロベスピエールは、元祖〈ポピュリスト〉だったともいえる。

確かにフランス革命といえば、〈支配階級を打倒し人民の声に従えば良い〉というようなジャコバン主義のイメージが強いだろう。とはいえ、ロベスピエールは代表者（議員）の役割を重視し、彼らが一般的な利益を示すことで人民との**透明な関係性**を作るべきだと考えたことはあまり知られていない。そこで代表者に必要となるのは、個別の利害関係にとらわれない《美徳》である。ロベスピエール自身、同時代人に「**清廉の人**」（＝腐敗していない人）と呼ばれていた。

　こうした発想には、「公共の利益」を考慮した意思（＝一般意思）による政治を構想したジャン＝ジャック・ルソー（一七一二〜七八年）の影響が見られる。[6] ただ、人びとに法そして社会が向かうべき一般的な方向性を一回だけ指し示すとルソーが考えた伝説的な〈立法者〉に着想を得ながらも、ロベスピエールの場合は代表者（議員）たちが普段の政治を通じて人民との間で**透明な関係性**を構築すべきだと考えた。結果、不純な（＝腐敗した）人物は糾弾や排除の対象になりえる。実際、彼の意図はともかく、それが革命の時代には粛清という激烈な効果を生んだことは周知の通りである。

　ロベスピエールは恐怖政治と重ねて描かれるあまり、彼が生涯をかけて探求した民主主義の本来のあり方、代表者と人民の**透明な関係性**が注目されることはほとんどない。だが、民主主義への不信や不満が高まる今こそ、そのヴィジョンに目を向けてみたい。それは、ロベスピエールが革命に翻弄されながらも体現した民主主義のダイナミックな側面であり、その後に民主主義諸国が成熟するなかで抑止されていった側面でもあるのではないか。[7]

「ヴェール」に包まれて

それにしても、恐怖政治の「独裁者」というイメージが定着したロベスピエールは、歴史上より冷酷非道と見られる他の「独裁者」に比べても評判が悪い。スターリンにせよヒトラーにせよ、彼らは「良いこと」もしたといわれることがある点から考えると、評判の悪さは際立っている。本国フランスの首都パリには——歴史的業績を讃えて通りなどに人名をつける慣行があるが——、今まで彼の名を冠した通りはない（二〇〇九年にある市議からそうした提案があったが議会で否決された）。サン＝ジュストでさえその名の通りがあり、また功罪半ばするナポレオンを讃えたモニュメントが山ほどあるのとは対照的である。

二〇世紀に入って、ロベスピエールの名誉回復に先鞭をつけた高名な革命史家のアルベール・マチエは、彼を「怪物として憎む者もあれば、〔革命の〕殉教者としてあがめる者もある」が、どちらも革命をめぐる利害や情熱にとらわれており、今こそそこから離れて真実を明らかにしなければならないと訴えた(8)。ただ、その後も彼の民主主義観が公平に評価されてきたとはいい難い(9)。要するに、ロベスピエールの思想と行動はいまだに「ヴェール」に包まれたままなのだ。自己を素直に曝けだすという透明性＝誠実を信条とした政治家にとっては皮肉な運命である。

そうなったのはなぜか。ひとつには、彼が生前「清廉の人」と呼ばれていたことと関係するだろう。確かにロベスピエールはあまり社交的ではなく、基本的には周囲の人びとに好かれるようなタイプの人間でもなく、勤勉実直で、他人にも透明性＝誠実を強く求めた。それを恐れた人びとが、「独裁者」や「暴君」という負のイメージを彼に背負わせた面がある。

もうひとつは、その後に成立した民主政治（議会制民主主義）にとっても、恐怖政治の激烈なイメージだけを広め、死者に語る機会を与えないほうが好都合と思われたからではないか。つまり、今日まで続く民主政のもとでは、ロベスピエールが探求した民主主義の本来のあり方に言及することは不要だったし、不都合でさえあったのかもしれない。

とはいえ、彼が体現するデモクラシーのダイナミックな側面を否定しても、代表されたいという国民の欲求や、代表されていないという疎外感は歴史上断続的に噴き上がる。問題は、その欲求を否定するだけでは民主主義への不信や不満はきわまり、感情を煽るばかりの「ルサンチマンの政治」（第二〇章）によって民主主義が蝕まれてゆくおそれがあることである。現時点でデモクラシー以外にどの政治体制も正統性を持ちえないと考えれば、無視できない問題に違いない。

今日、ロシアをはじめ東欧や南米の一部の〈ポピュリスト〉と呼ばれる政治指導者によって民主主義が偽装され、個人や一部の利害関係者のために利用されている（オリガーキの再来）。そして「西側」内部でも、権威主義に肯定的な意見が広がる中、権威主義化とは異なる民主主義の未来を描くことは困難になりつつある。

こうした時代にあって、本書はフランス革命の「独裁者」と呼ばれる男の残したメッセージの軌跡をたどることで、民主主義の危うさとともにその可能性を探ってみたい。それはいわば、民主政治が生まれるドラマチックな時代の暗部にあえて分け入ることで、来たるべき民主主義の方向性を指し示す一筋の〈光〉を見つけにいくような作業となるだろう。

ロベスピエール◉目次

ロベスピエール関連略史

年	事項	掲載章
1758年5月	アルトワ州アラスに生まれる	1
1781年8月	パリ高等法院にて弁護士登録、帰郷	1～2
1789年4月	全国三部会（州）代表に選出	4
1789年6月	「球戯場の誓い」に署名	5
1790年3月	ジャコバン・クラブ会長就任	6
1791年6月	国王逃亡（ヴァレンヌ事件）	7
1791年7月	シャン＝ド＝マルスの虐殺 『フランス人に宛てたマクシミリアン・ロベスピエールの演説』出版	7
1791年9・10月	憲法制定議会の解散、帰郷	7～8
1792年4月	オーストリアへ宣戦布告（開戦に反対）	9
1792年9月	9月虐殺（2～5日） 国民公会の開幕（議員に選出）（21日）	9～10
1793年1月	ルイ16世の処刑	11
1793年5・6月	5月31～6月2日事件（「5・31蜂起」）	11
1793年6月	ブリソ派の追放と突然の「引退」宣言（12日） 新憲法（1793年憲法）の制定（24日）	12
1793年7月	マラ暗殺（13日） 公安委員会委員に選出（27日）	13
1793年10月	「革命政府」宣言（恐怖政治の開始）	13
1794年3・4月	ジェルミナルのドラマ（エベール派・ダントン派の逮捕・処刑）	15
1794年6月	「最高存在の祭典」の開催（8日） プレリアル22日法の制定（10日）と大恐怖政治の開始	16～17
1794年7月	テルミドールのクーデタ（27日）、処刑（28日）	18～19

本書は、新潮社のWebマガジン「考える人」(https://kangaeruhito.jp/)にて、二〇二二年五月から二〇二四年一月にかけて連載された「ロベスピエール　民主主義の殉教者」に脚註を入れ、全体的に改稿をおこなったうえで、新たにプロローグとエピローグを書き下ろして付け加えたものである。

ロベスピエール　民主主義を信じた「独裁者」

【凡例】

＊ロベスピエールの法廷弁論や冊子、演説や書簡等からの引用は基本的に『ロベスピエール全集』（全一〇巻）*Œuvres complètes de Maximilien Robespierre*, 10 volumes, Société des études robespierristes (Paris: Ernest Leroux, 1912-1967)、およびその補巻（第一一巻）*Compléments (1784-1794)*, édition présentée et annotée par Florence Gauthier (Paris: Société des études robespierristes, 2007) による。本文中ではOMRという略号を用い、たとえばOMR III: 25のように、ローマ数字の巻数とアラビア数字の頁数を併記するが、同演説や書簡等からの引用が続く場合に逐一典拠（頁数）を示すことはしない。〔〕は引用者が言葉を補っていることを示す。なお、他の議員による発言は特に指示のない場合、同全集や『議会会議録』*Archives parlementaires de 1787 à 1860* からの引用である。

＊フランス革命に関する国内外の文献は膨大なため、直接参照したものだけを註で示す。なお、革命期の史実に関しては主に山﨑耕一『フランス革命――「共和国」の誕生』（刀水書房、二〇一八年）に依拠し、史料に関しては『資料　フランス革命』（河野健二編、岩波書店、一九八九年）を参照した。

＊文学作品や史料からの引用で邦訳書を用いた場合は訳者名を本文中に記し、脚註はつけない。また、訳書を用いる場合、必要に応じて訳語（表記）を変更した箇所がある。

＊本文で引用中の圏点は原典、太字強調は本書の著者による。

第Ⅰ部　青春

第一章　美徳と悪徳

「きまじめで勤勉な」少年時代

アラスは、フランス北部アルトワの州都（県庁所在地）であった。その地で、弁護士のフランソワ・ド・ロベスピエールとジャクリーヌ・カロの長男として、一七五八年五月六日に生まれたのがマクシミリアン・マリ・イジドール（洗礼名）、のちの革命家マクシミリアン・ロベスピエールである。ロベスピエール家は、三〇〇年前にさかのぼるともされる法曹一家で、マクシミリアンも将来、法曹の道に進むことになる。

フランソワは、州の最高裁判所である州上級評定院で弁護士をしていた。彼（当時二六歳）がビール醸造業者の娘カロ（当時二二歳）と結婚したのは一七五八年一月のこと、その四ヶ月後（！）に生まれたのがマクシミリアンだった。そして、一七六〇年から六三年のあいだにシャルロット、アンリエット、オギュスタンと立て続けに子どもが生まれるが、六四年、一家を悲劇が襲う。出産が理由で母カロが急逝したのである。父は精神に変調をきたして家庭を離れ、他の地で役人になったとも伝えられるが不安定な生活を続け、子どもたちは叔母や祖父母に預けられた。つまり、一家は離散することになったのである。マクシミリアン、わずか六歳の出来事だった。

妹のシャルロットの回想によれば、兄は母のことを語る際はいつも目に涙を浮かべていたという。そして、この不幸のために、「騒がしく、乱暴で陽気」だった子どもは、「きまじめで、思慮分別のある、勤勉な」少年になった。いまや騒々しい遊びよりも、読書とチャペルの模型を作ることに興味を抱くようになっていたというのである[1]。この回想がどこまで正確かはともかく、マクシミリアン・ロベスピエールにとって、母親の死が大きな心の傷痕となり、早くも人生のひとつの転機を迎えていたことだけは確かだろう。

では、ロベスピエールはどのような幼少期を過ごしたのだろうか。幼少期の不幸や貧困がトラウマとして残り、彼のその後の人生を決定したとする論者も少なくない。だが、実際のアラスでの生活は穏やかで規則正しいものだった。彼とその弟を引き取った母方の叔母は敬虔さで知られ、二人をよく世話したという。結局、ロベスピエールは信心深い「カトリック的」な環境で子ども時代を過ごした。しかも、妹たちの住居は数分のところにあって、しばしば会うこともできた。

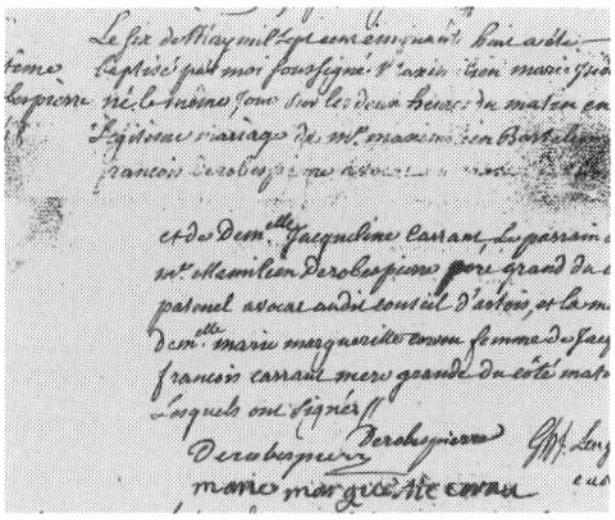
ロベスピエールの洗礼証明書

他方で、この町では三人に一人がその日暮らしで、マクシミリアン少年も物乞いや浮浪、犯罪を日々目の当たりにしていた。それが彼の少年時代の原風景として頭に焼き付けられ、その後の革命家の歩みに影響を与えたことは十分に考えられる。この頃、同地を訪れたイギリスの著名な農業経済学者、アーサー・ヤングは、その印象を次のように書き残している。「その土地の労働力の大部分は収穫期のさなかだというのに失業してぶらぶらしている」（『フランス旅行記』一七八八年八月の記述[2]）。

こうした教会と都市の静と動、ある意味では正反対の世界のなかで育った少年を革命の指導者へと導くのは、なによりもその土地の教育環境だった。アラスは学校教育では長い伝統のある町で、識字率も他の地域に比べて高かった。八歳でその町の学校に通い始めた頃には、文字が読めるまでになっていたロベスピエールはその能力を発揮し、すぐに頭角を現すことになる。

一一歳の頃には、成績優秀のために奨学金を獲得する。そして、アラスのコレージュ（中等教育学校）の提携校であったパリの名門コレージュ、ルイ＝ル＝グラン（＝ルイ大王）学院への入学が認められたのである。そのため、母そして（母の死後は）叔母、祖母や妹という女性たちに囲まれた親密な環境から離れ、大都会パリへと単身向かうことになる。馬車に揺られること二四時間、ようやく辿り着いたパリは少年を圧倒する都市だった。

「ローマ人」と呼ばれて

ルイ＝ル＝グラン学院は、カルチェ・ラタンのサン＝ジャック通りにある、一六世紀半ばに創立されたパリ大学に附属するコレージュだった（当時は今日のように中等教育が前期と後期〈高校リセ〉とに区別されていなかった）。規則正しく、相当に厳しいことで知られていた。午前五時半に起床すると、お祈りから始まり聖書の学習と暗誦、そのあとでようやく朝食をとり、午後九時一五分までプログラムに従って勉学に励む。このように一転、田舎の親密な環境とはまったく異なる、都市での厳格な規律に従う「スコラ学的で男性的な世界」で生活をすることになったのである[3]。

当然、全国から優秀な児童が集まるわけだが、そのなかでも、ロベスピエールは二年も経たないうちに異彩を放つようになった。当時「学監」を兼任していた副校長はそう回想している。アベ・プロワイヤールというこの男の親族の一人はアルトワ州上級評定院の弁護士で、一家はロベスピエールの田舎と深い結びつきがあったのだが、プロワイヤールはこの「怪物」をひどく嫌っていた。彼はこう証言している。

彼は自分の勉学のことしか頭になかった。自身の勉学のためなら他のことはどうでもよかった。勉学は彼にとってすべてだったのだ。（中略）ほとんど口を開かず、話すときは、人びとが彼の話に耳を傾ける気になっているときだけだった。[4]

ルイ＝ル＝グラン入口（1789 年頃）

この回想からは、「きまじめで、思慮分別のある、勤勉な」少年の姿が垣間見える。と同時に、そこには勉学だけが自身を何者かにしてくれるという確信のようなものがあったのではないか。もちろん、伝記作家のいうように、この頃には「三人の弟妹たちへの責任」も強く感じていたことだろう。

初年次（文法科生）はラテン語とフランス語、そして一五～一六歳（修辞科生）にはそれに加えてギリシア語などを学ぶが、最上級の哲学科生になると古代ギリシアやローマの歴史や道徳哲学、キリスト教思想を学ぶようになる。そのテキストのなかには、アリストテレスの『ニコマコス倫理学』やプルタルコスの『英雄伝』などがあった。また、主に使用されたテキストとして、「共和政ローマのもっとも輝かしい時代」に書かれたものが採用され、そこには祖国愛や自己犠牲などの《美徳》とともに、「贅沢、貪欲、陰謀、堕落といった悪徳」が描かれていたという。

このカリキュラムで使用されたテキストのなかには、有名なキケロ（前一〇六～前四三年）によるカティリーナ弾劾演説（古代ローマの執政官だったキケロが、貴族政治家カティリーナの一派による政権転覆の陰謀を未然に防いだことで名高い演説）もあった。それはまさに象徴的なかたちで、「陰謀家」たちの〈悪徳〉に対して共和政のあらゆる《美徳》を対置する教材だった。

われわれに対する唯一の陰謀は、われわれの市壁の中にあるのだ。危険は、敵は、内側にいる。（中略）要するに公正、節制、勇気、賢明、これらすべての美徳が、不正、放蕩、臆病、軽率といったすべての悪徳と戦っているのだ。(5)

ここには《美徳》と〈悪徳〉という二項対立の図式が見られる。伝記作家マクフィーのいうように、これがマクシミリアンの思考法に埋め込まれていったのだろう。加えて、〈陰謀〉や「敵」といった言葉が使われていることとともに、それが《内側》にあると言及されている点も記憶しておきたい。なぜなら、それはおそらく未来の革命家のレトリックともなるからだ。

ロベスピエール自身、革命期の回想のなかで、コレージュを「共和主義の養成所」だったと表している。彼の教師アベ・エリヴォは、特に古典語の成績が抜群なマクシミリアン少年のうちに「ローマ人の諸特徴」を認めたといわれるほどだ。[6]その影響は、「私は自分をギリシア人かローマ人と思っていた」と幼少期を回想したルソーと同様、単なる思考法やレトリックにとどまらず、「精神」形成に深く関わっただろう。ルソーが告白するところによれば、古典の読書を通じて「あの自由で共和主義的な精神、束縛と従属とを我慢できないあの不屈で誇り高い性格が形づくられ、それを自由に伸ばすにはおよそ不適当な状況にあると、私は一生のあいだいつもそのために苦しんだのである」[7]。

ちょうどこの頃、ランスであった戴冠式（一七七五年六月）からの帰路、ルイ一六世とマリ＝アントワネットがルイ＝ル＝グラン学院に立ち寄ることになった。そこで教師エリヴォが、五〇〇人の生徒のなかから両陛下に賛辞を捧げる代表に選んだのはロベスピエールだった。しかし、彼とは歳が四つしか離れていない国王（当時二〇歳）との出会いは、少年にとって良い思い出になったとはいい難い。雨が降りしきるなか、校外で待ち続けること数時間、やって来た両陛下は歓迎スピーチを馬車のなかで聞くと、すぐに立ち去ってしまったのである。

作家によるこの情景の描写は、より詳細かつ劇的である。

一・サン＝ジャック街、ルイ＝ル＝グラン高校コレージュの正門前。サント＝ジュヌヴィエーヴ丘を国王の行列が登るのが見える。――ロベスピエール青年は礼服を堅苦しそうにつけて、通りで、雨中に、馬車の入口の前に跪《ひざまず》いている。そこに、訪問の王家の人びとの退屈した顔が現れる……

二．馬車の中では、国王が、車外で挨拶を始めている青年を見ないで、若鶏の片身をがつがつ食らっているのが見える。女王はあくびをする。そしてド・ランバル公爵夫人と嘲笑的な言葉を交わしている。夫人は女王の正面に坐って、厚かましそうに笑い、跪いた高校生を横目で見ている。

三．ふたたび、雨の街。馬車は高校生に泥をはねかけて去る。彼は草稿を手にして立ち上る。――（彼はそれを終わりまで読まなかった）――恥じ入り、暗い顔をしている……馬車は徐々に遠ざかり、サン＝ジャック通りを登ってゆく……（宮本正清訳）

これは、ロマン・ロラン（一八六六～一九四四年）が戯曲「ロベスピエール」（一九三九年）で、瀕死の主人公の最期に見させる〈幻〉という一場面である。なるほど、最新の伝記はこのエピソードの信憑性を疑い、青年が仮に両陛下にパリで拝謁しえたとしても別の機会（二人が初子誕生の祝いにパリを訪れた一七七九年二月）だと指摘しているが(8)、どちらにせよ、実際に謁見していたとしても、その結末は若者を大きく失望させたに違いない。

法曹の道へ

この頃身内に起こった大きな変化として、ドイツ・ミュンヘンに移り住んでいたという父フランソワが他界（一七七七年）、母方の祖父母も一七七五年と七八年にそれぞれ亡くなるという出来事があった。また、なによりマクシミリアンに精神的なショックを与えたのは、妹アンリエットが一七八〇年に一九歳で急逝したことだった。

ともあれ、学問は着実に修めていった。コレージュでの通常のプログラムを終えると、今度は法学課程（ソルボンヌ大学）に入学し、通常よりも早く一八ヶ月で法学士を修了した。そして一七八一年八月、ロベスピエールはパリ高等法院の法廷弁護士として登録された。しかも、卒業する際に学業の優秀さが評価され、学院から特別に報奨金が支給されたのである（彼の奨学金は弟オギュスタンにそのまま引き継がれることも認められた）。

このように、学校の成績が優秀だったことは間違いなく、クラスメートたちの回想でも、そのずば抜けた才能は認められている。だが、その人柄に関する評価は総じて芳しいものではなかった。のちに国民公会の議員となる同窓のスタニスラス・フレロンは次のように回想している。

彼は後年と同様の人間だった。憂鬱そうで気難しく非社交的、同級生の成功を妬んだ。同級生との遊びに加わることはなく、夢想者や傷病者のように一人大股で散歩していた。若々しいところは何もなかった。落ち着きのない顔は、すでにわれわれの知っている、ひきつったしかめ面だった。無口で堅苦しく強情で内向的であり、もっとも際立った特徴は自己中心的な利己心、どうにもし難い頑固さ、根っからの不誠実さだった。彼が笑っていたのを私は思い出すことができない(9)。

以上は、あとから振り返られた回想で、「独裁者」に対するあまりに敵対的な筆致が目立つ。それでも、「自己中心的な利己心」や「根っからの不誠実さ」など誇張された否定的なニュアンスを除けば、たとえば「無口で堅苦しく強情で内向的」といった性格の描写は、マクシミリアンの友人や妹の証言と重なるところがないわけではない(10)。「きまじめで勤勉な」少年は、都会のエリート校での教育とそこでの高い評価を通じて大きな自信をつけると同時に、よりきまじめとなり、さまざまな人間関係や事件を通じてより内向的になったのかもしれない。

一二年ぶりに故郷アラスに戻った青年は、すでに二三歳になっていた。夏休みの休暇に帰ることがあったとはいえ、もはや父をはじめ親族もほとんどいない故郷は、ロベスピエールにとって幼少期の親密な空間とは異なる、孤独な「戦い」の場となるだろう。

第二章　「名誉」を超えて

「抑圧された人びと」のために

当時、アラスは二万二〇〇〇人ほどの住民が暮らす地方の中心都市だった。それでも、長引く不況で繊維産業は衰退し、伝統的な穀物取引に多くを依存していた。政治も、アルトワ州三部会（＝州議会）からして貴族によって占められ、また高位聖職者が行政権力に食い込み、アラス司教コンズィエを中心に「特権階級」が大きな影響力をなお誇示する世界だった。そこでロベスピエールは、父や祖父と同様、王国の四つの州にある州上級評定院つきの弁護士として登録されるが（一七八一年一一月）、みずから個人的なネットワークを構築してゆかなければならなかったのである。

「一着の服と穴のあいた靴しか持っておらず(1)」、社交的でなかったパリの給費生が、帰郷した地方の世界で生き抜いてゆくのがそれほど簡単ではなかったことは想像に難くない。だが、彼はここでもその能力によって頭角を現す。半年後、普通は一〇年待つとされた司教管区裁

アラスの地図（1793年）

判所（アラスとその周辺にある三〇ほどの教区を管轄する裁判所）の五人の裁判官の一人に抜擢されたのである。その能力と人格は、周囲にも強い印象を残したとされる。

裁判デビューを果たしたロベスピエール氏は話しぶりやその明晰さの点で彼に及ぶものは皆無というじゃないか――アラスのある弁護士は手紙にそう書いている。これに対する返事で、当時パリ法科の学生だった同郷のエティエンヌ・ラングレはこう賞賛した。

事実、このド・ロベスピエール氏という人物は、君がいうように恐ろしい人だ。付け加えていうなら、彼の優秀さに喝采を送り、このような才気溢れる人物を生んだわがふるさとを祝福したい気持を抑えられないよ。(2)

ここでも日課は厳格に守られた。シャルロットの回想によれば、早朝に起きると、八時に鬘職人がやってくるまで仕事をし、主に牛乳で朝食をすませ、仕事を再開、一〇時までには裁判所に向かった。午後は軽食ですませるが、コーヒーを愛飲し、果物、特にオレンジがお気に入りだった（一五世紀にポルトガル人によって欧州に持ち込まれたとされるオレンジはなお稀少な果物だった）。その後も頭髪のセットなど、身だしなみをきっちり整えることを日課とし、のちに再びパリに出てからもオレンジを食べる習慣は変わらなかっただろう。(3)帰宅後は、散歩をしたあとに仕事を再開し、夜遅くに食事をとったが、作業に夢中になるあまり食事を忘れることもしばしばだったという。ロベスピエールの伝記作家ルース・スカーが書いているように、革命がなければ、このままルーティンを厳格にこなしながら生を全うしたのだろう。コーヒーを飲む量からすると、胃か腸の癌で亡くなったのかもしれない[4]。しかし、時代は勤勉な青年を平凡な生には留めておかなかった。

上級評定院では、一年目から一三件の裁判の弁護を担当し、二年目は二八件で法廷に立ち、三年目は一三件と数こそ減ったが、そのうち一〇件で勝訴した。仕事は順調だったが、苦い経験もした。司教管区裁判所の裁判官でもあったため、殺人者に死刑判決を出さねばならなかったのである。しかも当時は、ギロチンが発明される前で、庶民には車裂きの刑が処されていた。妹の回想によれば、その判決の夜、帰宅すると兄は絶望した様子で、「彼が有罪であり、悪党であることはわかる、それでも一人の男に死を宣告せねばならぬとは……」と繰り返したという。こうした伝統的な慣習・因習と彼の「良心」との間の葛藤は日に日に大きくなってゆく[5]。

シャルロット・ロベスピエール

シャルロットによれば、兄が法曹の道に進んだのは「抑圧された人びと」を擁護するためだった[6]。一七八三年に始まるドトフ事件裁判はその一例である。それはアンシャン修道院のある修道士（会計係）が修道院の若い女中クレマンティーヌ・ドトフの兄フランソワを窃盗容疑で告発した事件だった。兄によれば、この修道士は自身の窃盗を隠すため、また妹を口説いたが断られたその腹いせのために告発したのだ。地方の有力な地主でもあったアンシャン修道院に対して「質の悪いパンすら家族に供給することも難しい」庶民であるドトフは泣き寝入りせざるをえないところ、ロベスピエールは彼を果敢に弁護し、三年に及んだ裁判で勝利した。このとき、既存の法秩序に対する「常軌を逸した見解」を表明したとアラスの弁護士会から叱責を受けたが、ロベスピエールがそれを意に介した様子はない。彼が「抑圧者に対して抑圧された人びとを守ること」を義務だと信じていたからにほかならない。

ここでもやはり、収税官に収奪される農民を見てもらしたルソーの『告白』の言葉を想起しないわけにはいかない。「不幸な人民が味わっている苦しみと、その圧制者に対して、その後私の心のなかに発展したあの消しがたい憎悪の芽生えが、ここにあったのである(7)」。

「科学」の勝利

ロベスピエールの弁護士活動でもっとも有名な訴訟として、「避雷針事件」(一七八三年五月)がある。ある法律家の建てた巨大な避雷針を不安に思った——先入観のためにその装置に落雷して爆発や地震が起こると思い込んだ——住民たちの訴えを認めるかたちで、裁判所がその取り壊しを命じた事件である。これに対して、訴えられた側は上級評定院に上訴、富裕な弁護士でアマチュア科学者でもあったアントワーヌ＝ジョゼフ・ビュイサールに弁護を依頼した。するとビュイサールは、当初はその教育係を務めていたロベスピエールにその仕事を任せたのである。そこでロベスピエールは、この二〇歳以上離れた友人ビュイサールが所蔵する膨大な啓蒙書や彼の作成した調査資料を参照しながら、本件で逆転勝訴を勝ち取った。その弁論は彼の「哲学」を開示する機会となった。瞥見《べっけん》しておこう。

新米の弁護士は第一回口頭弁論冒頭、アリストテレスからデカルトまでの哲学の歩みや医学の発見について触れた後、次のように言って〈光の世紀〉を謳いあげる。「これからは才能がその活力すべてを自由に発揮することが許され、科学は完成に向けて急速にその歩みを進めます。われわれの世紀を特徴づけるのはこの理性の特性であり、そのために人間精神がこれまで思いついたなかでもおそらくもっとも大胆でもっとも驚くべき理念が普遍的な熱意を持って迎えられたのです」（OMR II : 137–138）。ここには、個別の事件の弁護を超えて、彼の時代認識とそのうえでの自己主張を見てとることができよう。それは、今は理性の時代であり、人類は誤謬や偏見のためにその歩みを止めてはならず、その進歩にむしろ奉仕すべきだという理念である。

ロベスピエールの家（1787年から89年まで兄妹で居住した家）

第二回口頭弁論でも、冒頭でこう述べる。「前回の弁論であなた方に提出された反対意見に対し、今日も応答する勇気を私に与えるのは同じ動機です。私はできるかぎり全力で、それと思い切って戦いさえするでしょう」（OMR II : 172）。ヨーロッパ中の支配者や国民がこの進歩への戦いに加わってきたし加わるべきであり、フランス人もそれに倣うべきだと呼びかけ、一地方の「避雷針事件」をヨーロッパに残るあらゆる旧弊に挑むという普遍的な問題にしてしまう。そして、「すべての科学者の側に味方する」かどうかは、わが祖国の名誉の問題であるとさえ言って憚らない。

この事件に注がれるヨーロッパ中の眼差しによって、あなた方の判決が受けるべきあらゆる評判は確実なものとなるでしょう。この狭い地方内部に視野を制限しないでください。首都を見てください、フランス全土を、他の諸外国を見てください、あなた方の判決を待ちかねています。……パリ、ロンドン、ベルリン、ストックホルム、トリノ、サンクト・ペテルブルクはアラスとほとんど時を同じくして、この科学の進歩に対するあなた方の英知と熱意の金字塔をすぐに知ることでしょう。

こうしてロベスピエールは弁論を通して、みずからの科学（＝学問）の発展そして啓蒙への信念を吐露している。そして、このために「科学」という分野を超えた〈戦い〉が必要であることを示唆している。ただ、それがどこまで「政治的」問題であると意識されていたかは定かではない。言い換えると、この時点で彼にとって自己主張が政治（改革）と必然的に結びつくと意識されていたかは判然としない。いずれにしても、その弁舌が評判を呼び、「彼はもうムッツリした青年ではなく、社交を求め」る大人になっていたと、伝記作者は描写している(8)。

デビュー演説と「名誉」

「避雷針事件」で科学を勝利に導いたロベスピエールは同年一一月一五日、ビュイサールが院長を務めるアラス王立アカデミー（学士院）会員に選出され、翌年四月に入会演説を行う。

その演説でも偏見と不正義の不利益を訴えるが、そこで選ばれたテーマはいわゆる加辱論、すなわち「市民権の喪失を伴う処罰」によって罪人の家族全員もその不名誉を背負うべきかどうかというテーマだった。これは実は、メッス（フランス北東部にある都市）の王立アカデミーが公募した懸賞論文の論題に由来し、加辱は有害か、そうだとすればその対処法は何かを問うたものだった。演説後、ロベスピエールは原稿をいくらか手直しして懸賞論文に応募し落選するも、選考委員会が感銘を受けたという理由で特別賞（入選と同等の報賞四〇〇リーヴル）が授与されることになった。同年、彼は報賞金を使ってパリで同論を自費出版した。

主にモンテスキューの『法の精神』（一七四八年）を引き合いに出しながら語られるその入会演説は、未来の政治指導者にとって事実上のデビュー作といえる。その理由は、政治・社会の基礎には《美徳》がなければならないという、彼の根本思想が語られているからにほかならない。これに対して批判されるのは、モンテスキューが君主政の原理と規定した「名誉」である。

演説冒頭、アカデミーないし科学者は「公共の利益」に尽力するものであると述べ、自分もあなた方には遠く及ばないとしても、その役に立ちたいと語る。その観点から加辱の原因である「偏見」は有害であると断じる。彼によれば、偏見はある国民や人類の名誉をある個人の行為に帰すことから始まったもので、ある時代の「意見」にすぎないにもかかわらず、統治の形態次第で大きな影響力を有することになったという。

たとえば「専制国家においては、法は君主の意思でしかありません」（OMR I : 22）。それは、刑罰が君主の怒りの表徴でしかなく、不名誉が君主の意見だけによって決まることを意味する。これに対して、「各人が政治に参加でき、主権の構成員であるとすれば」、その種の偏見が力を持つことはない。つまり「共和政の自由は、この意見の専制に反抗するでしょう」。ここでは、君主政が直接批判されているわけではないが、それに対して共和政の利点が語られているのは明らかである。

モンテスキューが言明したように、共和政の原理は《美徳》だが、共和政において偏見が追放されてきたことは古代ローマの歴史が証明している。また、ロベスピエールは現代の近くにある模範としてイギリスの国制に注目する。つまり、イギリスは君主国でありながら国制としては「真の共和政」をなし、それゆえ「意見の軛《くびき》」を払い除けることができたというのだ。ここでは、『法の精神』の著者のようにイギリスの政治体制それ自体を評価することよりも、母国フランスの政治を対照させることで、君主政の革新を主張することは慎重に避けながらも、その問題点をあぶり出すという意図があっただろう。

実際、モンテスキューがイギリス君主政の原理として評価した〈政治的〉名誉（＝「名誉」）の問題点が指摘される。ロベスピエールは、名誉を政治的なそれと哲学的なそれに区分し、君主政の原理と考えられる前者を批判する。彼によれば、「政治における名誉の本質は、〔人が〕えこひいきされ栄誉を得たいと切望するところにあります。そして尊敬に値するというだけでは満足せず、特に評価されたいと望み、行動において正義より偉大さを、理性より華々しさや威厳を優先したいと思わせるものです。この名誉は少なくとも美徳と同じくらい虚栄心と結びつくものです。

ただ、政治秩序のなかでは美徳自体に取って代わるものなのです」。〈哲学的〉名誉はこれとは対照的である。

哲学における名誉とは、気高い純粋な魂がそれ本来の威厳のために持つ甘美な感情以外のものではなく、理性をその基礎とし、義務感と一体となるものです。それは、神以外に証人はなく、良心以外を判断規準としないもので、他人の視線からも離れて存在するものだろう。

判断の規準となるのは、外面ではなく内面にあり、前者が他人の意見であるのに対して後者は自分の良心である。この哲学的名誉とは、《美徳》と言い換えられるものである。

君主政では不可避的に地位や身分が必要とされ、生まれによって人を評価するような慣習があるが、その場合に評価の規準となるのは外面である。ロベスピエールはこれを他人の意見ないし「世論（l'opinion publique）」の評価とみなし、「偏見」と深く結びついていることを問題にする。これに対して、「真の共和政」は哲学的名誉（＝美徳）と呼ばれる内面から湧き上がる感情、良心にもとづく政治であり、またそうでなければならない。このように、政治の具体的な方策が示されているわけではないが、その方向性が示唆されている点にアカデミー入会演説の意義がある。つまり、のちに「世論」に支持されて指導的な立場につくロベスピエールだが、それ以上に良心、あるいは人間の内面から湧き上がる感情としての《美徳》がここで重視されているのである。

最終的にロベスピエールは、同演説ないし論文のテーマである罪人の家族への加辱についても同様な偏見にもとづくものだと指摘し、論難した。その貧しさや身体の不自由、性別のために、無実を証明できない民衆は、本人だけでなく家族までもその訴訟に巻き込まれるのだ、と。この主張には、民衆＝善とまではいわないとしても、やはり「抑圧された人びと」のために働くロベスピエールの姿がある。これもまた、未来の革命指導者の政治のヴィジョンを示すものであるに違いない。ただ、彼のなかでその思想と行動が一致し激しく動き出すためには、パリの寄宿舎でその作品を読み耽った心の「師」との出会いが必要だった。

第三章　心の「師」との出会い

グレッセへの讃歌

デビュー演説の翌年、未来の革命家の思想を読み解くうえで意想外に重要な論考が執筆された。「グレッセへの頌詞《しょうし》」（一七八五年）である。これはアミアン（アラスと同じフランス北部にある、ピカルディー地方の中心都市）のアカデミーの懸賞論文に応募するために書かれた論考で、その課題は、地元の詩人ジャン＝バティスト＝ルイ・グレッセ（一七〇九～七七年）への頌詞だった。賞金一二〇〇リーヴルも魅力的だっただろうが、応募動機はこの主題自体にあった。

グレッセは、アミアンのイエズス会士の学校で教育を受けたあと、ロベスピエールと同じルイ＝ル＝グランに学び、コレージュで人文学を講じるかたわら『ヴェルヴェル』（一七三四年）に代表される詩を書いて高い評価を受ける一方、イエズス会の学校生活を赤裸々に描いて「不敬虔」だと非難された。その後、劇作でも大きな成功をおさめ、アカデミー・フランセーズ会員に選出されたものの、生まれ故郷のアミアンに隠退、自然＝田舎を賛美した。

喜劇『意地悪』（一七四七年）では、パリの〈都市の喧騒〉と〈田舎の風景〉を対照させ、前者の虚しさを描写した。ロベスピエールは、そうした詩人の人間性そのものに共感を覚えたのだろう。「頌詞」ではヴォルテールと対比させることで、グレッセとその詩の美質を浮かび上がらせようとする。ヴォルテールとは「ありとあらゆる種類の栄誉への強烈な野心に導かれた」ものを象徴する名であることを示唆したうえで、両者を次のように対比させるのである（OMR I : 128）。

おそらく人びとがヴォルテールのなかに見いだすのは、より多くの知性や真理、精巧さや正しさである。それに対してグレッセのなかにはより多くの調和や豊かさ、自然さが見られるだろう。そこには、こうした心地よい飾らなさや幸福な自由奔放さが感じられ、これがその詩の第一の魅力をなしている。ヴォルテールの優雅さはより輝かしく飾られ、激しく、機敏に見える。それに対してグレッセの優雅さはより簡素で単純、陽気で感動的なものに見えるだろう。

これは、人工的なものや洗練と、自然的なものや純朴との対比である。ここで私たちが注目したいのは、ロベスピエールによるグレッセへの称賛は、翻って、〈現代人〉に対する辛辣な批判をなしているということである。試みに、同論の別の箇所から引用しよう。「グレッセの真っ直ぐで健全な心は、こうした自然に対する力強い愛着を保っていたが、それは大部分の人間においては世論や虚栄心が作り出した偽りの幸福への愛好によって消え去ってしまったものである」。世論が作り上げる「偽りの」評価や幸福観に対する批判は、すでに前章で見たような、ロベスピエールが偏見と同一視した〈政治的〉名誉に対する批判と重なり合っていることに注意したい。

加えて、同論における宗教的感情に対する評価も見逃せない。「グレッセに対して文学的教養のある人びとの嘲笑を引き起こしたのとまさに同じものが、私に彼を称賛させる」。そう言ってロベスピエールがグレッセの《美徳》とともに称賛したのは、「彼の宗教への愛着」だった。宗教的「組織」と対立しながらも、その「感情」を尊重したグレッセに、後述するような「宗教」に対する自身の両義的な態度を映し出しているようである。それは、ヴォルテールに代表される理性や科学をただ信じ込むような啓蒙主義とは一線を画する態度であるといえよう。

　こうして「グレッセへの頌詞」を一瞥すると、哲学や思想に少しでも関心のある読者なら、ある人物の名を連想せずにはおれないだろう。ジャン＝ジャック・ルソー（一七一二～七八年）である。『人間不平等起源論』（一七五五年）の著者は人間の自然を賛美する一方で、世論＝外観に支配された文明（人）を糾弾したことで知られる。ロベスピエールはグレッセのうちにルソーその人を見たのではないか。「頌詞」では、グレッセは「ルソー」に称賛されたと書かれているが——実際に称賛したのはルソーといっても詩人のジャン＝バティスト・ルソー（一六七一～一七四一年）だったが——、未来の革命家にとってグレッセへの頌詞は《ルソー》への頌詞でもあったのではないか。

グレッセ（1750年）

　アラスのアカデミシャンのひとり、デュボワ・ド・フォスは、「グレッセへの頌詞」の写しを受け取ると、長い詩を付した返事で若い友人を絶賛した。それはロベスピエール自身がめざす人間像を映し出す内容でもある。その最後部をそのまま引用しよう。

不幸な人を支え　無実の人の敵を討つ
君は美徳、甘美な友情のために生きる
だから君は、私の心に同じものを求めてよいのだ(1)

私の心に同じものを求めてよいのだ——。この一節を見てロベスピエールは何を思っただろうか。大きな確信、自己充足を覚えたに違いない。このとき、グレッセがかつてその詩を称賛されたのと同じ二六歳を迎えていたロベスピエールは、本当は「ルソー（ジャン＝ジャック）」から称賛されたかっただろうが、その承認欲求は友人によっていくらか満たされたのではないか。

「師」との邂逅

ルソーとの「出会い」は、パリのルイ＝ル＝グラン学院時代にさかのぼる。

もともと同学院はイエズス会士たちによって運営・管理されていたが、ルイ一五世暗殺未遂事件をきっかけにして一七六二年に閉鎖を命じられた。翌年再開されたときにはイエズス会士たちは追放され、国王の直接の監視下に置かれるようになっていた。つまり、ロベスピエールが入学した頃、同学院はその運営や教育方針をめぐって大きく揺れていたのである。しかも閉鎖が命じられたちょうどその年、ルソーの問題作『エミール』（一七六二年）が刊行された。

同書は、刊行直後にパリ大司教によって糾弾され焚書となったが、それにもかかわらず、ベストセラーとなった。人間は本来善なる存在であり、社会によって堕落させられているというルソーの根本思想によれば、社会の汚れた影響から人間の善性を保護するのが教育のあるべき姿だということになる。「私は書物を嫌う」といった思想がちりばめられた同書の流行が当然、教育論争に火をつけることになったのはいうまでもない。

マクシミリアン少年が『エミール』をいつ読んだかは正確にはわかっていない。おそらく副校長のプロワイヤールの言う「不敬虔な書物」と「近代の哲学者」に少年が出会ったのは、一七七〇年代後半のコレージュの最終課程（高校）の頃だったと推測される。人間は本来徳のない不誠実な存在ではなく、社会の悪徳によってそうなっているのであり、これと戦わなければならないという彼の発想は、ルソーに由来すると考えられる。

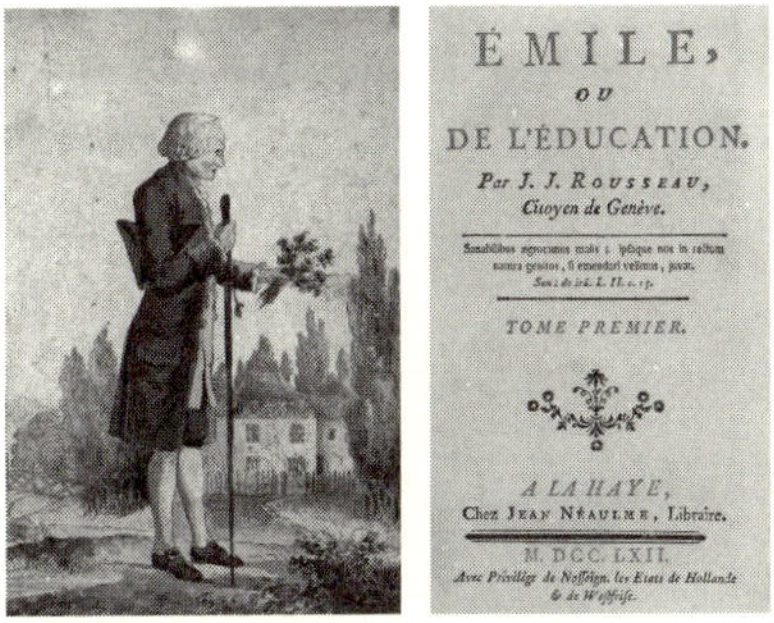

ジャン＝ジャック・ルソーと『エミール』

その「出会い」はどれほど衝撃的だったことか。寄宿舎で読み耽っていたのだろう。マクシミリアン少年は、ルソーが最晩年を過ごしたことで知られるパリ近郊のエルムノンヴィルをわざわざ訪れ、また実際にパリ周辺で、すでに年老いた（一七七八年に亡くなる）孤独な人物と出会った（！）。それは彼の人生において格別な体験だったに違いない。そのときの記憶を彼自身が、「私は晩年のあなたに出会ったが、その記憶は依然として誇らしい喜びの源です」と回想している（OMR I : 211）。
なるほど、この出会いを実証するものはなく、真偽は定かではないが――今日の伝記作者は少なくとも「見かけた」のだろうと推察している――、それでも、これまで研究者や作家たちがこの出来事にほぼ必ず言及してきたのは、その邂逅があまりに象徴的な意味を持つからにほかならない。逆に、これがすべて空想だとすれば、かえって、少年の心の中でそのような空想をかき立てた「師」の存在感の大きさを物語る。回想の文章の直前には次のように綴られている。

今日、かつてなく雄弁と美徳が必要とされている。神のような人よ、あなたは私に自己を知ることを教えてくれた。まだ若かった私に、自己の尊厳の真価を認め、社会秩序の偉大なる諸原理について熟考することを教えてくれた。

「古い建物は倒壊した。その瓦礫の上に新しい建物の柱廊が聳え立ち、あなたのおかげで、私はそこにわが石材を持ち運んだ」。このように続く「回想」は、フランス革命勃発後の一七八九年から九一年頃にかけて書かれたと推測される、「**ジャン＝ジャック・ルソーの魂への献辞**」と題された手稿である。ロベスピエールが美徳や誠実さという人間のあるべき原理を新しい社会の原理へと変革すべきだという考えに至るには、ルソーとの邂逅が不可欠だった。それが《私》、自己を知ることから出発すべきだとされていることにも注意したい。
心の「師」の影響は、そのパーソナリティに共鳴した結果でもあったのではないか。幼くして母を失い、父もいないに等しい精神的な「孤児」として育ったお互いの境遇の近さもそれには関係していただろう。妹の回想によれば、アラスでロベスピエールに関心を抱く女性は多くいたが——そのなかで彼が唯一結婚を望んだとされる相手は叔母の継娘のアナイス・デゾルティだった——、ある女性への手紙には、『ヌーヴェル・エロイーズ』（一七六一年にパリで刊行されたルソーのベストセラー小説）の恋文を思わせる、やや倒錯したロマンティックな情熱が滲んでいる。そう指摘するルース・スカーによれば、「彼はルソーがそうだったように特に自己陶酔的だった(2)」。そうだとすれば、それは彼が「他者」を信じられないことの裏返しでもあっただろう。

どちらかといえば神経質で臆病だったとされるロベスピエールは、妹の証言に反して、女性からもあまり好かれるようなタイプではなかったかもしれない。ただ、女性に鄭重で社交界での評判も良かったという同郷の画家による証言もある(3)。少なくとも、彼が女性の役割について「師」とは異なる考え方を有していたことだけは、本章の最後に指摘しておかなければならない。というのも、ロベスピエールはルソーのように女性は自然に任せるべきだとは考えず、むしろ革命の戦端は女性によって開かれるとさえ論じていたからである。

女性の「権利」

一七八六年二月、ロベスピエールはアカデミー院長に選出された。本業の弁護士業がさらに忙しくなるなか（訴訟を二四件担当）、翌年四月、アカデミー院長として年に一度の公開会議を主宰した。そこでは新たに四名の名誉会員が承認されたが、そのうちの二人は女性だった。そのとき彼が行った演説は、女性を学術の世界に受け容れることの歴史的意義を示し、この機会に女性の「権利」を擁護してみせるものだった。冒頭、彼女たちの加入を祝した後、次のように述べる。

次のことを認めなければなりません。文芸のアカデミーに女性を入れることは、これまである種の異常なこととみなされてきました。フランスやヨーロッパ全体でも、その例は本当にごくわずかです。慣習の支配とおそらくは偏見の力が、この障害によってあなた方のなかに地位を占めたいと望みうる人びとの願いを妨げてきたように思えます。（中略）〔しかし〕彼女たち〔今回選ばれた二人の女性〕の性別は、彼女たちの能力が与えた権利をなんら失わせることはなかったのです（OMR XI : 191–192）。

ロベスピエールにとって、女性の「権利」の主張は、偏見や無知との戦いの一環だった。「女性にアカデミーの門戸を開き、同時にその害毒である怠慢と怠惰を追放してください」。そして、「才能と美徳を育むのは競争です」と言って、性別の隔てない「競争」を科学の進歩の観点から称賛したのである。

この点で「単純な、粗野に育てられた娘」のほうが「学識のある才女ぶった娘」よりもはるかにマシだと語った『エミール』の著者とは対照的だった。ルソーは同書で次のように続ける。

こうした才能の大きい女性はみな、愚かものにしか畏敬の念をいだかせることはできない。

（中略）彼女に真の才能があるならば、こうした見栄をはることでその才能の価値は下がってしまう。彼女の品位は人に知られないことにある。彼女の栄光は夫の敬意のうちにある。彼女の楽しみは家族の幸福のうちにある。(4)

確かに「弟子」のロベスピエールも、その演説で、男女にはきっとそれぞれに相応《ふさわ》しい学問分野があり、女性は想像力や感情において豊かだと言っている点ではおそらくその時代に支配的な女性観を前提にしており、その点では案外ルソーと近かったのかもしれない。しかしだからといって、女性は男性の付随物、「お飾り」ではなく、その能力で評価される一個の人間とみなすべきだと彼が声高に主張し、その「権利」を擁護したこと自体は過小評価されるべきではない。

前年、マリー・サマーヴィルというイギリス人女性の訴訟を引き受けたのも同様な観点からだっただろう。(5)彼女が夫の死後、負債のために強制的に逮捕・監禁、晒し者にされた事件で、ロベスピエールは彼女を無償で弁護した。このことは、彼が社会の進歩の一環として自由に能力を発揮する機会を女性に与えるべきだと主張していたことと平仄が合う。「この義務は、われわれが他のシステムを採用することができないなら、いっそう不可欠なものです」。

女性は「弱い性」で、そのかぎりで弁護すべき対象であるとすれば、そうさせているのは社会システムの側であって、そのなかで女性の能力を発揮する機会が開かれておらず、彼女たちの社会実践が「未経験」であることに問題の根本がある。こう主張することでロベスピエールは再び、「抑圧された人びと」と運命を共にし、彼女たちの側に立つと宣言したのである。

アカデミー院長としての演説に話を戻せば、〈戦い〉は封建時代のような戦闘における栄光ではなく、「新しい種類の栄光」を求めたものだと語っている。そして、こう締めくくられた。「文芸の火が再び点《とも》り始めました。それを自分たちでもたらす幸福な革命を加速させるのも女性なのです」。真に幸福なものになるかはともかく、来たるべき革命は確実に近づいていた。

第四章　「幸福の革命」に向けた三つの矢

「世論」の法廷

生まれる時代が少しでもずれていれば、〈本来の自己を知ること〉→〈本来の社会を知ること〉というルソーから学んだ発想が、実際に社会を変革しようという思想と行動に真っ直ぐに至るようなことはなかったかもしれない。しかし時代は変革の方向へと動き出す。

一七八八年七月五日、ルイ一六世は突如、全国三部会（一三〇二年に国王フィリップ四世が召集した身分制議会）の近い将来の開催を約束、八月八日には、翌年五月一日の召集を発表した。

これには伏線があった。財政上行き詰まった王家は、免税特権の廃止をめぐって貴族と対立する一方で、新しい税制の創設に向けて高等法院とも対立した。旧体制下、高等法院はパリのほか一三の地方にある最終審裁判所であり（アルトワ州のように上級評定院が類似の役割を果たした地方もあった）、その法律の合法性に関して助言する建言権と王令登記権を有していた。つまり、高等法院によって登記されなければ、王国のいかなる諸法も効力を持たず、その意味で高等法院は法的な権限だけではなく、政治的にも大きな権限を握る組織だった。

そこで、八方塞がりとなった国王が放った窮余の一策が議会の召集、つまり一六一四年以来開かれていなかった全国三部会の再開だった。三部会は、貴族と聖職者のほか、「第三身分」と呼ばれる都市や地方の平民から構成されていた。要するに、高等法院の多くを構成する貴族——その身分はしばしばお金で買われたものだったが——を超えて、広く国民の「世論」に訴えることによって事態の打開を図ろうとしたのである。

アンシャン・レジーム(旧体制)末期、印刷物の普及と知識の広がりを背景にして、国王およびその側近たちの形成する意見とは異なる「世論」が都市の社交界を中心に形成されつつあった。そこで、ルイ一六世が全国三部会の召集を決定すると、その会議の手順や投票方法をめぐって「世論」が沸騰することになる。各身分が個別に会議を開催するのか、決議は各身分一票なのか等々が不明確なままだったからだ。数千に及ぶパンフレットが公刊され(国王の「発表」後に月平均で一〇〇点が出版されたとされる)、「世論」は盛り上がり、大きな力を持つことになる。

地方でも、誰をどのように選出するのかが大問題となった。そもそもアルトワ州のような地域では、前述のように州三部会(旧体制期の州の代表機関)が特権階級によって占められていた。貴族は一〇〇票、聖職者は四〇票を持ち、第三身分には三〇票ほどが割り当てられ、しかも各都市から選ばれるそのメンバーは三部会が指名できる権限を有していた。そこで、これまで自己の良心と社会の悪弊との間で煩悶してきたロベスピエールも、この機会をとらえ、「世論」の法廷に向けて発言を開始することになる。それはこの時代に生まれた彼の運命だったのだろう。

ある裁判官への弔辞

ロベスピエールはパリで法律の勉強を始めた頃、ある著名な裁判官に手紙を送ったことがある。宛名はジャン＝バティスト・メルシエ・デュパティ（一七四六～八八年）、ボルドー高等法院長だった。過酷な身体刑など司法における不当な慣行や特権の改革を求めた代表的な法律家で、マクシミリアン少年が法科学生の頃、自身は「非常に強い成功への欲求」を持つと手紙で告げた相手である。そこには、青年の功名心と同時に、改革への志向や共感を見いだすことができる。

その高名な裁判官が一七八八年九月、つまり前述の国王の「発表」の翌月に亡くなった。そこで、デュパティの地元ラ・ロシェル（フランス西部の海港都市）のアカデミー（学士院）が彼の功績を讃えた論文を公募すると、ロベスピエールはすぐにこれに応募し、改革を「世論」に訴える機会に利用したのである。これが彼による改革に向けた第一の矢となる。

デュパティ

それは「ジャン＝バティスト・メルシエ・デュパティへの弔辞」と題して匿名（高等法院弁護士R氏という筆名）で刊行されたが、著者は誰の目にも明らかだった。そのなかでロベスピエールは、車輪刑のような民衆への恥辱刑の残虐性や因習を批判してきたデュパティ氏は偉大な目的に人生を捧げたのだと言って、讃える。

「人間の悪意がそれによって包み隠そうとするあらゆる障害に対して正義を打ち勝たせ、強欲や卑しい利害が正義に投げかける暗雲を遠ざけ、諸意見の対立を超えてそれを見分け、人間の心の深い研究を行い、情念が運動に与える動因を認識し、真理を発見する」という偉大な目的のために、彼は勇敢に戦ってきたのだ（OMR I : 164）。

この世の権力者に対しても、あなたは不正義を犯しましたよ、と思い切って言う。こうして他の人びとの上に抜きん出た人物は、おそらく危険な敵たちを抱えると予感していたに違いない。憎悪と復讐心が嫉妬も相まって、自分を打ち負かそうとしていると信じたに違いない。

実際、デュパティ氏に対してまもなく「陰謀」が企てられたのだ、と言ってロベスピエールは我が事のように憤慨してみせる。「なんということだ」、彼が「正義の神殿」に足を踏み入れようとしたとき、これを禁じた法律家たちがいたとは——。このように書くロベスピエールは、アラス市の司法・行政を支配する「危険な敵たち」と戦おうと、みずからを高名な司法の改革者と重ね合わせていたに違いない。特に最後の一文は、のちの革命期の彼の心情を彷彿とさせるものである。

ロベスピエールいわく、これまでも刑法に関して加害者に対するあまりにひどい残虐性が長らく指摘されてきたが、今こそ氏のように「公共の幸福」の観点から真理を声高に叫ばなければならない。もはやその迷信行為の上にまどろむ必要はないのだ。なぜなら、国王がわれわれの不平不満に耳を傾ける目的で「崇高な国民の会議」を召集することになったのだから。

他方で、ロベスピエールが戦わなければならないという理性の進歩の障害となる「野蛮な偏見」とは、ある特定の慣習や司法の問題にとどまらなかった。彼は最終的に財の不平等、すなわち身分制という社会の構造自体の不正義を追及するのである。

これほど多くの貧窮者がいるのはなぜか。あなた方はご存知か？　それはまさにあなた方がその強欲な手であらゆる富を握っているからである。なぜ、貧窮の父や母、子どもたちが自分たちを覆う屋根もなく、あらゆる天候の過酷さにさらされ、飢えの恐怖に苦しめられるのか。それはあなた方が豪奢な家に暮らし、財のおかげであらゆる技術を集めてだらしない生活に役立て、無為に過ごしているからにほかならない。

これは当然、伝統的な上層階級、既得権益層《エスタブリッシュメント》に対する宣戦布告と理解されただろう。ちょうどこの年、全国のほとんどの地域で穀物の値段が不作によって高騰、フランス全人口の三分の一が貧困状態にあった。そのなかでの匿名の論考の出版だった。

二つのパンフレット

翌年一七八九年一月、国王はアルトワ州でも他の地域と同様に代表を選出する選挙を実施すると発表した。それは奇しくも、『第三身分とは何か』というこの時代にもっとも有名なパンフレットの一つが匿名で出版された月だった。そのなかで著者のエマニュエル＝ジョゼフ・シィエス（一七四八〜一八三六年）が、第三身分こそ「国民」であると主張したことはよく知られている。

同月、アルトワ州でも匿名でパンフレットが出版された。題名は『アルトワ人に向けて――アルトワ州三部会を改革する必要性について』、八三ページほどのパンフレットである。これが、ロベスピエールが改革に向けて放った第二の矢である。その主題は「代表」問題であり、エスタブリッシュメントがいかに人民を「代表」しておらず、「危険な敵たち」であるか、また一方で「われわれは彼らに与えられた鎖の下で眠らされている」と訴え、民衆に奮起を促したのである(OMR XI : 207)。こうして地方でも、すでにペンの力で革命の火の手があがっていた。

代表者は実際に選ばれなければならず、そうでなければ議会は「亡霊」でしかない。では、現状はどうか? 聖職者は誰にも選ばれていないし、貴族はなんら委任を受けていない。また、第三身分の「代表」といっても、都市参事会から構成され、彼らは自分たちを代表しているにすぎない。彼らは一部の特権的な都市の住民から選ばれているにすぎず、〈われわれ〉(=民衆)を代表する権利はまったくない。こう述べてロベスピエールは、自分たちで選ぶ自由、すなわち人民の普通選挙権が不可欠であり、これが与えられるなら町の栄誉を得る(=代表になる)のは能力と美徳によってのみとなり、悪弊は消え去るだろうと訴えたのである。

議会の亡霊を「真の国民の議会」に代えること、われわれ自身で選んだ代表に代えること。未来の革命家は、これを再び「幸福の革命」――女性によって進められると言われたあの革命――と呼んでいる。そして、「われわれを苦しめるあらゆる害悪の終わりは、国民議会でわれわれの利益を擁護するというおそるべき名誉を託す人びとの美徳と勇気と感情にかかっている。それゆえに、この重大な選択において野心や陰謀がわれわれの行く手に撒き散らす障害を注意深く避けよう」と語り、さらに次のように問いかける。

愛国心や無私の仮面の下ですら野心を隠せない人びとに何を期待するというのか、考えてほしい。

三月下旬にアラス市で第三身分の会議が開かれたとき、法律家で富裕な「友人」デュボワ・ド・フォスらが影響力を行使し、民衆に選挙権を与えることを拒もうとした。これに対して、靴職人の職能団体の会合に招かれたロベスピエールは、彼らの「陳情書」（国王が各地域でまとめるよう指示していた意見書）の作成に携わり、そうした企てに激しく反発した。そこで、その憤慨を言葉にあらわしたのが、『仮面を剝がされた祖国の敵――アラス市の第三身分会議で起きたこと』というパンフレットである。これが、改革を訴えた第三の矢である。

ロベスピエールは同冊子で、デュボワ・ド・フォスを含む彼らエスタブリッシュメントの愛国心あるいは人民の代表者という「仮面」を剝ぎ取るべきだと訴えた。なぜなら、彼にとって、良き市民のもっとも重大な奉仕は「たくらまれた陰謀の秘密」を暴露すること、「仮面」を剝がすことにあると考えられたからだ（OMR

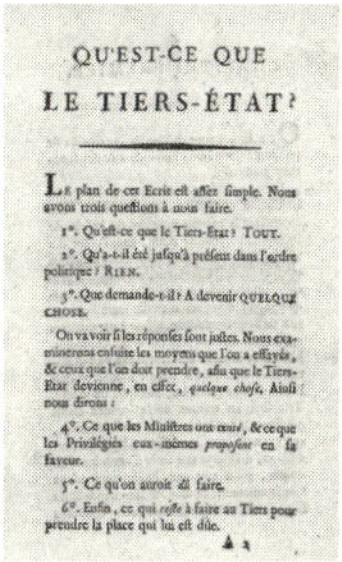

QU'EST-CE QUE

LE TIERS-ÉTAT?

Le plan de cet Ecrit est assez simple. Nous avons trois questions à nous faire.

1°. Qu'est-ce que le Tiers-Etat? Tout.

2°. Qu'a-t-il été jusqu'à présent dans l'ordre politique? Rien.

3°. Que demande-t-il? A devenir quelque chose.

On va voir si les réponses sont justes. Nous examinerons ensuite les moyens que l'on a essayés, & ceux que l'on doit prendre, afin que le Tiers-Etat devienne, en effet, *quelque chose*. Ainsi nous dirons :

4°. Ce que les Ministres ont *tenté*, & ce que les Privilégiés eux-mêmes *proposent* en sa faveur.

5°. Ce qu'on auroit dû faire.

6°. Enfin, ce qui *reste* à faire au Tiers pour prendre la place qui lui est dûe.

A 2

シィエスと『第三身分とは何か』

XI : 262)。

まさにここで私が率直に暴露したいのは、公共の大義を捨てた臆病な首謀者たちの気弱さ、そしてそれを謀った悪しき者たちの卑小さである。

祖国の敵の「仮面」を剝がすこと、この「幸福の革命」を遂行することは、人間のもっとも神聖な義務であり、それは同胞の幸福のために身を捧げることにほかならない。ここで〈自己を知ること〉、そのために外面に惑わされず内面に立ち返ることを《美徳》(哲学的名誉)とするロベスピエールにとって、自他の「仮面」を剝がすことは神聖な義務とされている。

また、デュボワ・ド・フォスをはじめとする第三身分の〈内〉にいる「敵」に攻撃の照準が合わされていることにも注目したい。もちろん、この理屈は自身が第三身分の代表に選出されるための戦略の一環でもあっただろう。だが、それはロベスピエールの思想という観点から見て示唆的である。〈われわれ〉の外にいる特権階級の見える「敵」だけでなく、いやそれ以上に〈内〉にいる第三身分の見えない「敵」と戦う必要があると彼は考えていたのである。つまり、〈われわれ〉の内部に存在する「敵」こそが改革のより危険な障害であり、その「仮面」を剝ぎ取ることで「敵」を〈内〉から排除するべきだという発想である。

逆に言うと、それは本来あるべき純粋な自己＝〈われ〉を同心円上に拡大してゆくことを意味し、最終的に巨大な自己＝〈われわれ〉の創出がめざされる。こうした発想の原点には、やはり両親のいない環境で自己の〈内〉に沈潜せざるをえなかった生い立ちとともに、その自己と社会が一直線につながる／つながるべきことを教えてくれたルソーとの出会いがあっただろう。

祖国は危機にある。

国外の軍隊よりも恐ろしい国内の敵が、秘密裏に祖国の破滅を企てているのだ！

このような言葉で締め括られるパンフレットの刊行後、アルトワ州では三つの身分の「代表」がそれぞれ集まって会議が開かれ、全国三部会に参加する代表者が選出された。第三身分からは八名が選ばれることになり、一七八九年四月二四日に始まった選挙人による投票で、ロベスピエールは五番目の代表として見事選出されたのである。而立の春のことだった。

第Ⅱ部　革命の幕開け

第五章　ヴェルサイユの華

全国三部会の開催

当時、ヴェルサイユは人口およそ五万五〇〇〇、約六〇万人のパリに比べれば少ないが、アラスのほぼ二・五倍の人口を抱える都市だった。パリから南西へ二〇キロほど離れた郊外に、ルイ一四世が豪華絢爛たる宮殿を建設して以降、ブルボン王朝の政治や文化の中心として栄えた。

左右対称の格子状に区切られた小径や並木道、モニュメントが整然と並ぶ街に、全国三部会の開催に合わせて議員や見物人たちがどっと押し寄せて来たのである。三〇歳の最後の夜、アラスから七人の第三身分代表と共にヴェルサイユに向かったロベスピエールもその一人だった。

議員総数は約一二〇〇名、人数は一定だったわけではないが、第一身分（聖職者）が二九五名、第二身分（貴族）が二七八名、第三身分（平民）が六〇四名だった（資格審査を終える七月時点）。

全国三部会は、会場となったヴェルサイユ宮殿のムニュ＝プレジールの間の改修工事のため延期され、一七八九年五月五日に開幕した。第一身分と第二身分は表口から、第三身分は裏口から入れられた。最後に入場したルイ一六世が短い演説を行って開会を宣言し、続いて第三身分の出身で人気のあった財務長官ネッケルが長々と無味乾燥な演説を行った。第三身分代表として簡素な黒い礼服に身を包んだロベスピエールもその場にいたが、彼を知る者はほとんどいなかった。

実際、ミラボーやシィエス、ムーニエらを除けば、第三身分代表のほとんどが無名だった。そのなかで異彩を放っていたのは、頭も体も大きく堂々とした物腰で声も大きいミラボー（一七四九〜九一年）である。著名な経済学者ミラボー伯爵の次男として生まれながら放蕩生活で借金をつくり、浮名を流し投獄される一方、啓蒙思想の影響を受けて文人として活躍し、第二身分の代表となることを拒んで第三身分の代表としてヴェルサイユにやって来たのである。その存在感は、会議を傍聴していたネッケルの娘、スタール夫人の目にも焼きついた。彼女はミラボーのうちに「人民の権利の擁護者」の化身を目撃したとのちに書いている（『フランス革命の考察』一八一八年）。

ロベスピエールは、ヴェルサイユ宮殿に近いエタン通り一六番地に、同郷の三人の代表と共に居を構えたが、その近くにあったカフェ・アモリはブルターニュ出身の代表者の溜まり場だった。「ブルトン・クラブ」として知られるその集まりには、ミラボーやジェローム・ペティヨン、そしてシィエスらがいた。ロベスピエールは彼らと交流し、行動を共にすることになる。

ミラボー

三部会は冒頭から紛糾した。歓迎式典後、身分（部会）別に会議を開催するよう指示されたが、第三身分代表がこれを拒否したのである。ロベスピエールはこの様子を、アラスにいる友人ビュイサールへの手紙で詳細に報告している（五月二四日）。まず、分かれた会場で議論し自らの権力を誇示しようと企む二つの特権階級代表を非難したのち、彼は次のように書く（OMR III : 37）。

庶民〔＝平民〕――ここでは第三身分という言葉は古代の奴隷の極みだとされ使用が禁じられているので――の議員は、別の原理原則を持っていました。彼らは国民の議会はひとつでなければならず、どんな身分であれ国民の議員すべてが自分たちの運命に関わる議論に同じ影響力を持つべきだと信じていました。（中略）聖職者や貴族の側が、庶民院のなかにある国民の集合体に合流することをあくまで拒むなら、庶民院はみずからを国民議会であると宣言し、行動しなければならないと確信していたのです。

第三身分の代表たちは三部会開催後すぐ、みずからの部会をイギリス議会庶民院（the Commons）にちなんで「庶民院《コミューン》」と名乗った。アラスからやって来た法律家は、特権身分や国王のやり方に強い憤りを覚えながらも、「庶民」議員たちと彼らの考え方に勇気づけられたようである。

私を慰めると同時に安心させてくれるのは、祖国のために死ぬことができる一〇〇人以上の市民が議会にいるということであり、概して庶民院の議員が知識と真っ直ぐな意志を持っていることです。

アルトワ州出身の議員も「断固とした愛国者」とみなされていると説明した後、「われわれと行動を共にするブルターニュ出身の議員の大部分は才能があり、みなが『勇気とエネルギーに溢れている』」と手紙で伝えている。

民衆＝人民の登場

全国三部会

六月六日、ロベスピエールは事実上最初となる演説に臨んだ。聖職者たちに対して贅沢を止めるよう、キリスト教本来の禁欲と救貧に勤しむように説く内容で、それは第三身分の部会にやって来たニームの大司教が貧民のためと称して議事の開始を促した直後になされたため、内容以上の効果があった。その場にいた元司祭で著述家のエティエンヌ・レイバズは、「この若者はまだ経験がなく、あまりに冗漫で止まらないが、雄弁さと辛辣さの資質があり、それによって衆に抜きん出ることだろう」と語っている（OMR Ⅵ：30n）。同演説を伝えた新聞では、ロベール・ピエールやロブ・ピエール、ロベスピエンヌなど、綴りが間違って報道されたように、ロベスピエールは無名な存在だったことがわかるが、この演説によってその名は注目されるようになる。

球戯場の誓い（ダヴィド画）

六月一七日、第三身分代表はシィエスの提案にもとづいて「国民議会」を名乗ることに決めた。そして、第一身分代表も僅差で同議会への合流を決議すると、それを恐れた他の特権身分に促されるかたちで国王が――この間に幼い息子（王太子）の病死もあって意気消沈していた――議場の閉鎖を命じた。そこで国民議会の議員たちは、宮殿内の室内球戯場に集まり、決して解散しないことを誓い合った。これが、ダヴィドの絵画とともによく知られる「球戯場の誓い」である。憲法の制定を目的に掲げ、国王の諮問機関であることをやめ、みずから国制を新たに樹立することをめざした点で、それはひとつの歴史的な転換点だった。ロベスピエールも、この誓いに四五番目に署名した（上の絵画の右側で椅子の上に立つ男の目の前で胸に手を当てるロベスピエールの姿が確認できる）。

その後、聖職者の大部分と貴族の一部が合流するに及んで、国王も特権階級に対して第三身分（国民議会）への合流を勧告せざるをえなくなる。ただ、国王は「憲法制定国民議会」と改称した合同議会の成立を傍観していただけではない。パリやヴェルサイユに軍隊を召集する一方で、七月一一日に事態の打開を狙ってネッケルを罷免したのである。

しかし翌一二日の日曜日、ネッケル罷免のニュースがパリに伝わると、民衆は大混乱に陥った。

国王が議会を解散しパリを襲撃するのではないか、という不安が広がったのである。もともと前年からのパン価格の高騰に民衆は苦しんでいた。街には失業者が溢れ、一説によれば浮浪者が一〇万人いたという。パリの盛り場だったパレ・ロワイヤルでは、何人かの弁士が聴衆に向かって自衛のために武器を取るように訴えかけた。すると一四日朝、四、五万人の群衆が武器を求めてアンヴァリッド（廃兵院。当時は傷病兵の慰安施設）に押しかけ、次に弾薬を求めてバスティーユ監獄に向かった。バスティーユは、もともと一四世紀に首都防衛のために建設された要塞だったが、パリ市の境界が広がるとその役目を終え、政治犯を収容する監獄に代わっていた。もっとも、当時政治犯は一人もおらず、群衆が押し寄せたときに収容されていたのは、有価証券偽造者四名を含む七名にすぎなかったことは今ではよく知られている。

バスティーユ監獄襲撃

とはいえ、バスティーユ監獄がブルボン王朝の「専制」の象徴だったことに変わりはなく、しかも、このとき偶然のきっかけから群衆と守備兵が発砲し合い、その後司令官ロネーが虐殺された。このため、その襲撃はフランス全土に大きな衝撃を与え、「革命」の発火点として記憶されることになる。

親愛なる友よ、現在起こっている革命は、人類の歴史で起こったこともないもっとも偉大な出来事をこの数日の間にわれわれに見せたのです（OMR III : 42）。

このように書き始められた田舎の友人への手紙（七月二三日）からは、ロベスピエールの興奮冷めやらぬ様子が伝わってくる。彼は、専制に対して「公共の自由」を擁護するために立ち上がったパリの民衆＝人民、彼らに加担したフランス衛兵を含む「あらゆる階層からなる三〇万の愛国者の軍勢」による「蜂起」を称賛しているのである。

他方で、このとき国王に軍隊の退却を上奏し、事態の沈静化を図った議員団の試みも評価している。ロベスピエールはなかでもミラボーの提案を「真に崇高で威厳溢れる仕事」として高く評価し、彼のうちに国民議会の非公式のカリスマ的なリーダーの姿を見るようになっていた。実際、「国民議会」に対して国王が解散を命じ、議場からの退去を命じた際も、「われわれを動かすには銃剣の力が必要だ」と迫ったのはこの貴族だった。こうして、「革命のライオン」と呼ばれたミラボーは間違いなくヴェルサイユの華（主役）となった。ロベスピエールは、ミラボーのような全国から集まった才能に多くを学んだことだろう――両雄はまもなく対峙することになるが。

その評価からも察せられるように、ロベスピエールがめざした変革も当初は王政を崩壊させることを企図したものではなかったはずだ。蜂起後、国王はネッケルの罷免撤回とパリの軍隊の退去を命じる一方で、ブルボン家の白とパリの都市章の青・赤を結びつけた帽章を受け取ったが、「これほど荘厳で崇高な光景は想像を絶する」とロベスピエールは手紙に書いている。

こうして国王は和解のシンボルを受け容れることで、結果的に民衆＝人民がパリの騒擾でおかした「犯罪」を不問に付した。それもあって、バスティーユ奪取後も群衆による虐殺は終わらなかった。さらに、その噂は地方にも広がり、前年の不作に苦しむ農村地帯で農民たちを不安に駆り立て、貴族たちが自分たちに復讐をしようとしているという「大恐怖《グランドプール》」と呼ばれる流言まで飛びかった。そこでロベスピエールも、議会で次のように訴えたという。「民衆を鎮めたいのか？　彼らには正義と理性の言葉を語りかければ良い。彼らの敵が法の復讐を免れられないことを信じさせること、そうすれば正義の感情が憎悪の感情に取って代わるだろう」（OMR VI : 50n）。

立法権あるいは「代表者」という核心

八月四日の晩、「大恐怖」への対応として数名の貴族が議会で封建制の廃止を宣言した。しかし、特権身分代表の多くが反対を表明した結果、一一日に採択された封建制廃止令では地代徴収という経済的特権がほぼそのまま残り、「庶民」議員には不満の残る内容だった。これに対して、議会で同時に作成が進められていたのが、人権宣言である。

八月二六日に議会で採択された「人と市民の権利の宣言」（人権宣言）は、前文に続けて次のように宣明する。「第一条（自由および権利の平等）　人は、自由、かつ、権利において平等なものとして生まれ、存在する。社会的差別は、共同の利益にもとづくのでなければ、設けられない」（辻村みよ子訳）。この条文によって、封建的身分制の解体が鮮明になった。また、第三条では「すべての主権の淵源は、本質的に国民にある」として、国民主権が宣言された。この歴史的な文章は、人間の自由および平等という権利論とともに、国を統治する権限が国民にあるという統治論から構成されていた。

そこで問題となったのは、主権者である人民の代表からなる議会の立法権と国王の執行権との関係だった。九月一一日、議会は国王に法律の暫定的な拒否権を与える提案を可決するが、ロベスピエールはこれを厳しく批判、すべての拒否権に反対した。彼の演説は妨げられたが、その原稿が印刷された。それは彼の独自な国民主権の考え方を理解するうえで、貴重な資料である。

すべての人間は、その本質からして、自分の意思でみずからを統治する能力を持っている。それゆえ、ひとつの政治的集団、すなわちひとつの国民として結集した人間は、同様な権利を持つ。個別に意思する能力の集積であるこの共通に意思する能力、すなわち立法権は、ちょうど個々の人間にとってそうだったように、社会全体において不可侵かつ至上であり、何ものにも依存しない。法とは、この一**般意思**をかたちにしたものにすぎない（OMR VI : 86-87)。

ここには、心の「師」ルソーの「一般意思」の思想の影響が見てとれる。だが、これに続く文章からは、人民の政治への直接参加の擁護者というイメージが強いルソーとは異なる政治のヴィジョンが垣間見える。「大きな国民は全員で立法権を行使できず、小さな国民はおそらくそうすべきではないため、立法権の行使をみずからの権力の受託者である代表者に委ねるのである」。ロベスピエールによれば、一人の人間が拒否権を持ち、その意思が暫定的であれ全体の意思に優位するとすれば、そのとき「国民は無であり、ただ一人の人間がすべてである」。よって国王の拒否権とは、「道徳的にも政治的にも考えられない怪物」だと評する。これに対して、「いかなる政府も人民によって人民のために設立されるものだということを思い出さなければならない」と言うロベスピエールは、同時に次のようにも主張するのである。

もし人民がみずから法を作ることができるのなら、もし大多数の市民が集まってその利点や欠点を論じることができるのなら、人民が代表者を任命する必要はあるのだろうか？

否、人民は立法する「代表者」を必要とする。このようにロベスピエールの構想する政治の核心には「代表者」がいた。ロベスピエールは人民の一致した意思、「一般意思」にもとづく政治を展望したが、代表者（議員）の重視という点ではルソーと異なるように見える。もっとも、彼の政治観、「代表者」観は、革命という現実のなかで議員の腐敗を目にしながら揺れ動くことになる。しかも後述するように、代議制を批判するルソーが重視する〈立法者〉の議論は、ロベスピエールの描く「代表者」にも影響を及ぼすことになるだろう。

ヴェルサイユでは、演壇に近づくと震え出すと周囲に語ったとされるロベスピエールは、確かにヴェルサイユの主役ではなかった。だが、最初の演説後、冗漫にならぬよう事前にメモを取るように心がけるなど、全国三部会はフランス革命の指導者の自己鍛錬の場となった。そしてほどなくして、その力が発揮される舞台はパリに移る。一〇月、人権宣言の承認を拒否した国王とその一家は、女性たちによってヴェルサイユからパリに連れ戻されることになるのである。

第六章　能動市民と受動市民

「一〇月事件」という衝撃

バスティーユ監獄襲撃から三ヶ月、「第二の革命」とも呼ばれる事件が勃発する。

議会では、国王の暫定的（停止的）拒否権が承認される一方で、二院制案が否決され一院制にもとづく立憲君主政がめざされる。だが、ルイ一六世は同意せず、議会は膠着状態に陥った。そんな中、食糧危機にあったパリの女性たちがパンを求めて市役所前に集結、市長のバイイや国民衛兵（もともと一七八九年夏に諸都市で組織された民兵団）司令官のラファイエットが不在と分かると、彼女たちはヴェルサイユに向けて行進を開始したのである。

一〇月五日、半日かけてヴェルサイユに到着した女性たちは議会に乱入しパンの供給を要求、彼女たちの代表が国王と面会しパンと小麦の供給の約束を取り付けた。だが、それで話は終わらない。続いて国民衛兵が到着すると、国王は脱出するようにとの大臣の進言を拒み、議会で承認された諸法令を受理する旨を通告するが、彼らは国王のパリ帰還を要求した。翌六日、群衆が宮殿に乱入、国民衛兵がそれを鎮静化させたとき、国王にはパリに帰還する以外に道は残されていなかった。午後一時頃、国王一家が兵士やパリの女性たちとともにヴェルサイユを出発、パリの

女性たちの議会乱入（議長はムーニエ）

ヴェルサイユ行進

チュイルリ宮殿に入ったのは夜の一〇時頃のことだった。その後、議会はパリに移り、一一月九日には改造された同宮殿が議場となる。

この「一〇月事件」は、特権身分代表はもとより第三身分代表にも大きな衝撃を与えた。すでに七月の「第一の革命」に対して少なからず恐怖を抱いた彼らにとって、議会に乱入し実力行使によって国王を引き摺り出した民衆（＝人民）の再登場は警戒感を強めさせるものだったのである。これには彼らの出自も関係していた。「庶民」議員を名乗っていても、彼らの約三分の二は高等教育を受け法律職に就いており、残りの三分の一も職人や中小農民は皆無で、いわゆる民衆層には属さない人びとだった。また、五八名の貴族が第三身分代表として選出されていたのである。同代表の著名人の一人で議長となったムーニエは、（立憲）君主派を結成していた（その後、早々に田舎に帰り、国外へ亡命した）。同身分内の階層や利害のずれが、今後さらに表面化することになる。

同月下旬に提案されたのは、〈二つの国民〉案である。その議論を主導したのは、革命前にもっとも影響力のある冊子『第三身分とは何か』を刊行していたシィエスである。ただ、「第三身分とは何か？――すべてである」という言葉で始まるこの冊子は、共通の法律や代表のもとに「ひとつの国民」を作り出すことを訴えたのではなかったか。しかし、彼の手になる七、八月の人権宣言草案にはすでに〈二つの国民〉――「能動市民」と「受動市民」と呼ばれる――構想が含まれており、それは多くの第三身分代表の意見を代弁するものでもあった。直前に勃発したパリの「蜂起」、民衆による権力者の虐殺がその背景にあったことは明らかである。
庶民の家に生まれながら社会的上昇をめざして聖職者となったシィエスが、同草案に記したのは「受動市民」論であり、市民＝国民の区別・分類だった。

一国のすべての住民は受動市民の権利を享受すべきである。すべての者は自己の人格、所有権、自由その他のものの保護を求める権利を有するが、すべての者が公権力の形成に能動的に参加する権利を有するわけではない。すべての者が能動市民であるわけではない。女性――少なくとも現状においては――、子供、外国人、公的組織の維持に何の貢献もしていない者は、公の問題に能動的に影響をおよぼすべきではない。（浦田一郎訳）

さらに、「その代表者は、公の問題にたいして能力とともに関心を有するすべての市民によって、短い任期で、間接または直接に選ばれなければならない」と書かれ、教養のある有産者だけが有権者すなわち「能動市民」であると想定されていたのである。(1) 国民議会はシィエスの案にもとづき、三日分の労賃に相当する直接税を支払う二五歳以上の男性のみを「能動市民」とし、彼らに選挙権を限定した。同案によれば、成人男性の三分の一が選挙権を失うことになる。それだけでなく、彼らは一〇日分の労賃を納めている者から（国民議会の議員を選ぶ）選挙人を選出するという間接選挙を提案したのである。

これに対して、平民出身の聖職者グレゴワール（一七五〇〜一八三一年）が主張したように、それは本来の人権宣言の原理に矛盾するものであると同時に、新たに特権階級を生み出すことを意味した。ともあれ、「ひとつの国民」が主権を担うという建前があっても、国民の区分が何らかの形で存在するという矛盾を抱えた「民主主義」の時代がこのとき開幕したと見ることもできる。

「人権宣言」の擁護者として

グレゴワールを支持し、「人権宣言」の観点から反対弁論に立ったのはロベスピエールである。

> 憲法によれば、主権は人民、人民をなすすべての個々人に属する。それゆえ、各人はみずからが義務づけられる法や自分自身のことである公共の事柄の管理に携わる権利がある。そうでなければ、すべての人間は権利において平等で、すべての人間は市民であるというのは真理ではない（OMR VI: 131）。

このように「納税できない貧民のために」行われた演説は途中で遮られ、続行しようとしたが断念せざるをえなかった。後日そう報道した各紙は、「人間は権利において平等である」という人権宣言の理念と矛盾する議会の決定に異を唱えたロベスピエールを持ち上げた。全国三部会の開会後、パリの新聞は数が増加するとともに、単に議会の動向を流すだけでなく出来事への解説や意見を付すようになっていたのである。彼の演説を賞賛する手紙が全国から届いた。

しかし、ロベスピエールの立場を支持する議員は少なかった。そして議会は〈二つの国民〉案を可決、「市町村の構成に関する法令」（一二月一四日）においてその要件を明文化した。

この間、ロベスピエールが翌年の市町村選挙に向けて書き進めた生前未公刊の冊子が残されている（OMR XI：281-297）。そこでは、国民議会がこれまで行ってきたこと、その歴史的業績を列挙したあと、それを保障する憲法の必要を指摘し、それはとりわけ国民の大部分をなす、教育を受けていない貧しい人びとのために制定されるべきだと述べられている。そのうえで、立法者が遵守すべき「聖なる規則」は三つあるという。

一、社会の目的は、万人の幸福である。
二、すべての人間は、生まれながらにして自由で権利において平等であり、そうでなくなることは許されない。
三、主権そのものの原理は国民に属し、あらゆる権力は国民に由来し、そこからしか生まれえない。

続いて示される行動原理を含め、ロベスピエールがここで従うべきだと訴えているのはまさに基本的人権と国民主権という八九年の革命の諸原理だった（第一規則はのちに「生存権」として発展され、九三年の憲法に見いだされる原理である）。そこで謳われた諸原理、特に人間の《平等》は、ロベスピエールの信念であっても革命の信念ではなくなりつつあった。彼は田舎の友人への手紙（一二月九日）でも、〈二つの国民〉は憲法（案）の最悪の部分をなしていると書き、一二月二三日の議会ではプロテスタントやユダヤ教徒にも平等な市民権を要求した（OMR III : 58）。ここでは女性の「政治的」権利について積極的に主張することはなかったが。

年が明けても、市町村のあり方に関する議論は続いた。一月二五日の演説でロベスピエールはアルトワ州選出の議員として、同州やその周辺では――地主に納められる貢租のために――直接税はほとんど支払われておらず、「能動市民」になりうる人民がきわめて少数であることに懸念を表明した。その点で、封建制を完全に廃止し、少なくとも全国に一律の税制システムが確立されるまで、〈二つの国民〉に関する措置は凍結されるべきだと主張したのである。

1789年の人権宣言

また、封建制＝不平等の問題が未解決だったために各地で頻発する農民反乱の処理をめぐって議会は紛糾した。これに対して、南部やブルターニュ地方などに軍隊を送り込む戒厳令という荒療治が提案されるが、これに対しても中央の執行権力を行使する前に地方政府、そして議会があらゆる措置を講じるべきだとロベスピエールは主張、非暴力的な手段によって反乱を鎮静化させる〈和解〉の必要を強調した。「人間に対して軍事力を行使することは、それが絶対に不可欠でない場合、犯罪である」(OMR VI : 230)。

「人民は長い圧政から突如解放され」たため、「みずからの不幸の記憶によって道を踏み外した人びとは、心《しん》からの犯罪者ではないことを忘れないでいただきたい」。ロベスピエールがそう訴えたのは、「人民の自由の敵」たちがこの機会を利用して民衆(=人民)の運動をすべて鎮圧すべき「暴動」として排除するのではないかという猜疑心からだった。

一七九〇年六月一九日、議会は世襲貴族制を廃止した。それに合わせてロベスピエールも、通常貴族や爵位を表す接頭辞の「ド」をつけて署名することをやめた。本書では省略してきたが、出生証明書にも記載があった「ド・ロベスピエール」は彼の一族が代々受け継いできた姓である。それは貴族とは無関係だったが、それと混同されることを避ける意図があったのだろう。この「改名」も、彼の決意の表れと見ることができる。

ジャコバン・クラブ

人権宣言の原理にあくまで忠実たらんとするロベスピエールからは、保守化する議員ばかりかアラスの支持者たちも離反し始める。だが、その一方で彼が親密な関係を築き、議員活動の拠点とするようになったのが、ジャコバン・クラブである。

一七八九年一〇月一九日、サン=トノレ通りにあったジャコバン(=ドミニコ会)修道院の建物に設立された「憲法友の会」という名の人民協会は、のちにジャコバン・クラブという名で知られるようになる。ロベスピエールがヴェルサイユに来てから出入りしていたあのブルトン・クラブの後身だが、（立憲）君主派に対する革命派（＝愛国派）の拠点となった。翌月以降、ロベスピエールも議会演説の予行演習の場として同会を利用するようになる。それは、彼の「育ちの悪さ」を指摘したスタール夫人らが形成した上流階級のサロンのような洗練された作法（マナー）を必要としない、それとは異なる「庶民的」空間だった。

九〇年三月後半からの一時期、ロベスピエールはジャコバン・クラブの会長を務めた。全国的な通信網を維持するために全国各地に書簡を送ることに加えて、彼は自身の演説原稿の写しをそれに同封した。それもあって、毎日のように全国から、特に女性たちからファンレターが届き、なかには彼に心酔したある侯爵の令嬢の書簡もあった。もちろん、熱狂したのは女性だけではない。のちに盟友となる人物、当時国民衛兵中佐だったサン＝ジュストもその一人だ。サン＝ジュストはロベスピエールに次のような熱狂的な手紙を送っている。

> 専制と陰謀の激発に、よろめきながら立ち向かっているこの国を支えるあなた、ちょうど数々の奇跡を通して神を知るように、私はあなたのことを知っています[2]。

サン＝トノレ通りにあったジャコバン・クラブ

他方で、王党派や聖職者の新聞を中心に多くのメディアからロベスピエールは批判を浴びた。こうして敵対関係が形成されるなか、彼は田舎の友人への手紙（三月二五日）で検閲を心配してもいる。それを一種のパラノイア（妄想）だと断じる伝記作家もいるが[3]、ますます神経質になっていたのは確かだろう。四月の国民議会での演説で〈二つの国民〉論はスキャンダルだと改めて熱弁するが、五、六月は心身ともに疲弊し、ジャコバン・クラブで時々演説をしただけだった。

一〇月二三日、今度はあるエコノミストの議員が納税の議論で、国民議会は「能動市民」の資格を得る納税の条件を決定すべきだと主張、生きるのにやっとの収入の人間は問題外で、彼らには社会への奉仕は不可能だと発言した。これに再びロベスピエールが立ち上がった。「もはや市民ではないという境界を設定する権限は誰にもなく、立法者にもない。人間は生まれながらにして市民である」（OMR VI : 552）。これを新聞『人民の友』は次のように伝えた。「ロベスピエール氏、偉大な原理を教えているように見える唯一の議員、おそらく国民議会に席を持つ唯一の真の愛国者は、そのような不正義を激しく攻撃したのだ」。

さらに一二月五日夜、国民議会で可決した法案をめぐってジャコバン・クラブで激しい論争が繰り広げられた。国民衛兵から「受動市民」を排除するという同案に対して、ロベスピエールは「能動であれ非能動であれ、すべての市民には国民衛兵に加入する権利がある」と主張したのである。これに対して、当時同クラブの議長だったミラボーは、同案を批判することは誰にも許されないと言って、その場を収めたが、それはジャコバン・クラブ内にもあった対立を顕在化させることになった。そのときすでに疎遠になっていた両雄の間に信頼関係はなくなっていただろう。ミラボーは多忙を極め、目に見えて衰弱していた。

実際、〈二つの国民〉をめぐる論争は議会そして国民の中に軋轢を生み、革命の帰趨を占う争点となっていた。少なくともロベスピエールは重大な局面だと信じたに違いない。このとき七八ページに及ぶ冊子『国民衛兵の組織に関する演説』を刊行し、広く世論に訴える手段に出たのだ。そこで、同案を支持する議員を「敵」と認定するとともに、〈われわれ〉人民との二項対立図式を描いてみせた。

> 人間性、正義、道徳。これこそ政治であり、立法者の叡知である。それ以外のものはすべて偏見、無知、陰謀、悪意でしかない。これら有害な先入観の信奉者は、人民を中傷し己の支配者を冒瀆するのをやめよ。……不正義で汚れているのはあなた方である。……善良で我慢強く寛大なのは人民なのだ。われわれの革命、その敵の犯罪が、そのことを証明しているではないか（OMR VI：624-625）。

政治は立法者の叡知だとされる一方、人民は善良で寛大とされている。このあとロベスピエールのなかで民衆＝人民への期待は高まるが、現行の政治体制と大部分の同僚議員に対する不信は募ってゆく。そして、それを決定的なものにする事件が起こる。

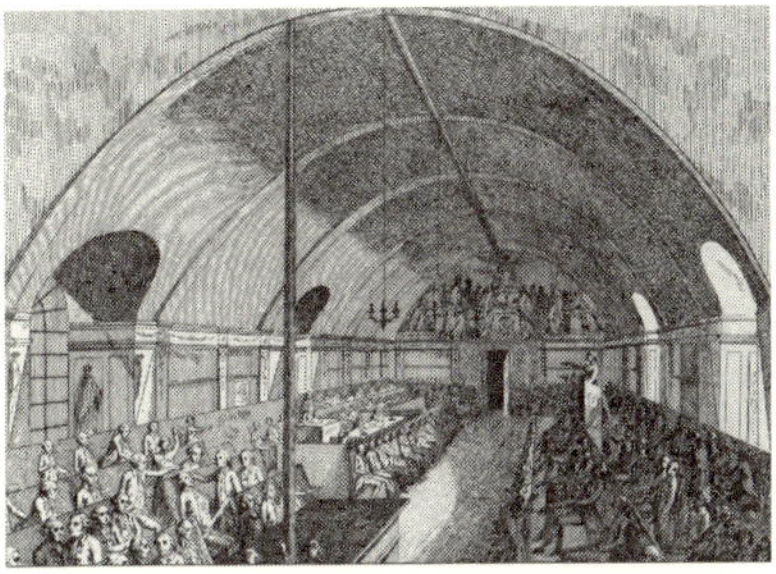
ジャコバン・クラブの会合で演説するミラボー

第七章　堕ちた〈象徴〉

国王の逃亡

フランス革命では民主主義がめざされたが、それは当初国王の存在と矛盾するものとは必ずしも考えられていなかった。むしろ、ある面では補完し合うものと考えられていたのである。

その点に関連して、現フランス共和国大統領のエマニュエル・マクロンは、大統領就任の二年ほど前のある週刊誌（*Le1*）のインタヴュー（二〇一五年七月八日）で、いまや「フランスの共和政は、集合的な同意を作り出す象徴的かつ想像的な表象であり、ある内容を伴った民主主義を具現させた形である」が、かつてはその役割を国王（王政）が担っていたと語った。

民主主義がつねに不完全な形をなすのは、それだけでは事足りないからです。民主主義の過程や機能には欠けているものがあります。フランスの政治においてこの欠けているものとは、王の肖像です。私は根本のところでは、フランス国民はその死を欲していなかったと考えています。

ここで確認できるのは、民主主義に欠けているものが「集合的な同意を作り出す象徴的かつ想像的な表象」であり、革命後も人びとはその役割を国王に期待し続けたという見方である。その死をいかにも残念そうに語っているように見える、マクロンの政治家としての評価はさしあたり問題ではない。問題は、確かに旧体制下に生まれたフランス革命期の人びと、特にその指導者の多くにとっても、国王はフランス政治の〈象徴〉であり、少なくともある時期までその死は望まれていなかっただろうということである。

〈象徴〉が実際に国を統治しているとは限らない。君臨するが統治しないということもある。フランスの歴史では、実際に統治をおこなっていなくとも君臨する国王が諸民族や諸部族を「国民」へと統合する〈象徴〉をなすことがあった。それは伝統的に血統や慣習によって継承されながら形づくられてきたものである。そうであるがゆえに、〈人間は生まれながらにして権利において自由で平等〉というフランス革命の原理とは必然的に対立することになる。

ところで、第二次世界大戦後の日本でも、同種の問題が喫緊の政治課題となったことがある。敗戦を迎え、天皇の地位が問題になったのだ。そのときに案出されたのが〈象徴〉という概念装置だった。なるほど、ある見方からすれば日本の歴史のなかで天皇は以前から〈象徴〉の役割を担ってきたのかもしれない。だが、このとき初めて明治期以降の「統治者」という地位とは区別された〈象徴〉という存在として意識的に位置づけ直された。その点で思想的な役割を果たしたのは和辻哲郎である。戦後すぐ、昭和二〇年暮にもともと新聞掲載用に書かれた小文で和辻は、

「『国民の総意』を表現するものはわれわれにおいては天皇にほかならない」と述べたあと、「ということが明かになれば」と言ってこう結論した。

人民に主権があるということと、天皇が主権者であるということとは、一つになってしまう。人民主権を承認するために天皇制を打倒しなくてはならぬという必要はない。（「国民全体性の表現者」〈一九四八年七月〉に再録(1)）

そして、日本国憲法制定後に発表された論文「国民全体性の表現者」で、「それは象徴であるほかない」と書いているが、前記の小文でいわれる「国民の総意」を形成し表現するものとは〈象徴〉と呼びうるものだったのだろう（同論では憲法第一条が念頭にあったと言われるが、和辻は天皇の地位が「日本国民の総意に基く」とは言っていない）。それが必要なのは、人民主権あるいは民主主義だけでは国民の総意や「集合的な同意」が作れないと考えられるからである。

むろん、そのように論じる和辻にとって、民主主義（人民主権）が強要されるなかで旧体制（天皇制）をいかに堅持するかが課題だった。逆に、旧体制を破壊し民主主義を生誕させようとしたフランス革命の指導者にとってさえ、〈象徴〉という存在は必要だと暗に考えられていたのはある意味で驚きである。バスティーユ監獄襲撃後、国王がブルボン家の白とパリの都市章の青・赤を結びつけた帽章を受け取った場面をロベスピエールが「荘厳で崇高な光景」と称したことはすでに見た通りである。さらにさかのぼれば、コレージュの全校生徒を代表して国王に祝辞を述べたという必ずしも心地よくない少年時代の記憶も、その人への崇敬の念を失わせることはなかったように思われる。確かに、彼らは意識的・積極的に国王を〈象徴〉と考えていたわけではないかもしれない。だが、それが不在になってみると、かえってその重みを意識せざるをえなくなる。

一七九一年六月二〇日夜、ルイ一六世はパリを抜け出した。ヴァレンヌ事件である。翌日の夕方、フランス東部の国境付近で発見され、ヴァレンヌという村で逮捕されたのだ。

国王の意向はともかく——最後まで逃亡を拒み続けたのは彼自身であって、逆にその優柔不断さが暗い結末にもつながったといわれるが——、国外脱出を謀ったという事実はフランス全土に知れ渡ることとなり、その人への信頼は大きく揺らいだ。事件後すぐ、ロベスピエールはバルナーヴなどの有力な議会指導者たちが国王の逃亡を「誘拐」と呼んで擁護したのに対して、彼らを「反革命」だと言って糾弾し、国王の裁判を要求した。とはいえ、七月一三日のジャコバン・クラブの会合でロベスピエールは共和政と君主の両立をなお主張している。

国王とその家族の逮捕

共和政という言葉は、特定の統治制度を意味するものではなく、祖国を持つ自由な人びとのあらゆる統治のひとつです。さて、上院があるのと同様、君主がいても自由ではありえます。

現在のフランスの国制とは何か。それは君主のいる共和政です。ゆえに君主政でも共和政でも〔どちらかでは〕なく、どちらでもあるのです（OMR VII : 552）。

君主のいる共和政（！）。ルイ＝ル＝グランの校友で急進派のデムーランも思い描いていたとされるこの構想は、フランスの政治には〈象徴〉が必要だと考え続けられたことを示唆している。

シャン＝ド＝マルスの虐殺

革命勃発以降、フランス全土で民衆が税関や警察、裁判官などの役人の命令にかつてのように従わなくなり、公権力の権威は失墜してゆく。あるいは王室や地主所有の森林などを勝手に開拓する者も後を絶たなかった。ミラボーは、あらゆる権威がなくなったことを嘆いた。他方で、国民議会の決定への忠誠が街の広場や集会所の催しで宣誓された際、市民は手を挙げて「国民と法と国王」に忠実であることを誓った(2)。つまり、彼らは強制されることもなく、仮に優先順位は最後だとしても、革命後の政治にも国王の居場所があることを暗に前提にし、その権威を多少とも認めていたのである。大きな違いがあるとすれば、それは国王が国民の総意にもとづいてのみ〈象徴〉であり続けるようになっていたということだろう。

ヴァレンヌ事件の数ヶ月前、亡命を渋る国王を後目《しりめ》にマリ＝アントワネットは王家の権威を維持する唯一の手段として逃亡を計画したが、それは逆に国王並びに王室の権威を失墜させる結果になった。彼女とその考えを共有していたのが他ならぬミラボーだったが、すでに多忙と持病のため瀕死の状態にあった。「革命のライオン」は同年四月、帰らぬ人となる。このときロベスピエールは議会でその功績を讃えるように促し、ミラボーはパンテオンに葬られた。

それから二ヶ月後の国王の逃亡は、フランス政治のなかに中心がすっぽり抜けた空白を生み出した。その穴をどう埋めるのか。その後、この問いを軸に革命は展開してゆくことになる。ロベスピエールにとって、それを探す旅は自分探しの旅ともなるが、過去の残影になお囚われる彼が自分で答えを出す前に水先案内人として動き出したのは民衆だった。

ロベスピエールが七月一四日の演説でルイ一六世の退位を求めた翌日、議会はその責任を問わないことに決めた。これに対して、コルドリエ・クラブ（同名の修道院内に九〇年四月に設立、会費が安くより庶民的な政治クラブ）などの民衆協会が抗議の声をあげ、ジャコバン・クラブに赴き協力を要請したが拒否された。すると一七日、彼らは直接示威行動に出た。王政の廃止を求める長大な請願書とともに、シャン＝ド＝マルス（軍神マルスの広場という意味。もともとルイ一五世によって建設された練兵場で、一年前に連盟祭〈後述〉が開催された場所）に設置された「祖国の祭壇」で、請願書への署名を求める活動を強行したのである。五万人ほどの人が集まった。これに対して議会は市当局に実力部隊の出動を要請、共に出動した国民衛兵が発砲し五〇人ほどの市民が殺害された。シャン＝ド＝マルスの虐殺である。

同日、ロベスピエールはジャコバン・クラブで議会の対応に憤慨を表明した。そして、七月終わりには『フランス人に宛てたマクシミリアン・ロベスピエールの演説』を出版し、改めて人権宣言の諸原理を擁護するとともに、人民（国民）の主権を訴えた。「私は国民主権の原理そのものによって次のような考えに至った。国民の権威は虚しい作り物ではなく、実現されるべき聖なる権利だということだ」（OMR VII: 591-594）。ここで明らかにロベスピエールの中で、権威の所在は国王から国民へ転位したといえる。

そのとき、ジャコバン・クラブのメンバーの大半が同クラブを離脱し、穏健な立憲君主派のフイヤン・クラブを結成した。そうしたなか、国民衛兵が、国を分断させた責任があると叫んでジャコバン・クラブ内に乱入する事件が起きた。ロベスピエールはこのとき彼の警護を申し出たモリス・デュプレという指物大工のサン＝トノレ通り三六六番地にある住居に身を隠し、その後引っ越した。

シャン＝ド＝マルスの虐殺

確かに、ロベスピエールが望ましい政体と考えたのは、古代ギリシアのリュクルゴス（スパルタの伝説的な立法者）のそれだとされ、彼にとっては人民を先導すべき立法者の存在が必要であり、立法者（代表者）こそが政治の核心であるはずだった。しかし、彼によればそのほとんどが腐敗にまみれている議員たちに対して、人民＝民衆みずからが純粋に抗議の声をあげたのである。このときロベスピエールはなかば民衆に押されるかたちで、それと一体化してゆく――。

前章で紹介した当時二三歳のサン＝ジュストの手紙で続く言葉は、このことを表現したものとして読むことができる。「あなたは単なる一地方の議員ではありません。人類と共和国の議員なのです」。

「清廉の人」

同時代の革命家でも貴族のミラボー、あるいは後世の研究者たちは、権威の失墜をしばしば混乱と同一視して嘆くが、民衆の側から見れば権威の崩壊は「自由」そのものに違いなかった。事実、この歓迎すべき事態はさまざまなかたちで祝われた。その全国的な一大イヴェントになったのが、前出の革命一周年を祝う祭典＝（全国）**連盟祭**で、全国から地方の国民衛兵が招待され、民衆は男女を問わず歌い飲み踊り、兵士たちもそれに同じく熱狂した。この機会に設けられた「祖国の祭壇」を詣でるために全国からやってきた若者たちにとって、それは初めて「国民」なるものと触れる、さながら「巡礼」の様相を呈していた(3)。

このとき、人民と議員、また国王は一体のもの、少なくとも和解しうるものと多くの国民には考えられていたはずである。だが、その一年後、同じ「祭壇」で起きた事件（虐殺）は、両者の間に楔を打ち込み、分断させた。そこにロベスピエールが一方を代表し、民主主義の守護聖人として現れ出たのである。それを可能にしたもの、それは民衆に寄り添った姿勢や弁論に滲む純粋さや誠実さにほかならない。彼が声高に叫んだ他の議員の腐敗とは対照的に映ったのだろう。

九一年五月九日、ロベスピエールはグレゴワールやペティヨンとともに、同年春から議会を主導してきたバルナーヴ、デュポール、ラメットらによる「三頭政治」が民衆による**請願権**を認めないことを厳しく批判した（OMR VII：312-313）。彼にとって人民主権（民主主義）の要をなす請願権はある意味で革命の原理そのものだったからだ。一七九一年憲法で「自然的・市民的権利」と規定された請願権は、ロベスピエールが「不可侵の権利」と呼んだものだが、同権利とその重視は「代表者」の位置づけを含め、彼の《民主主義》を考えるうえで注意すべきポイントだろう。

数日後、ロベスピエールが議会で提案したのが議員の再選禁止法案である（五月一六日）。つまり、憲法制定議会の解散後、議員は直後の議会選挙には立候補できないという規定である。議員が人民から離れ腐敗することを防ぐという法案の趣旨が理解されたかはともかく、同案は多くの賛同者を得て可決された。ロベスピエールはこのときから「**清廉の人**」、つまり〈腐敗していない人〉と呼ばれるようになった。

連盟祭（1790年7月14日）

シャルロットによれば、ミラボーもロベスピエールについて、他人に買収されない人物だと評価したという。「ロベスピエールを腐敗させようとするのは時間の無駄である。この男には欲求がない。節度があり生活はあまりに質素である」(4)。こうした人間性こそが民衆の「集合心性」に合致したのだろう。そして彼は八月の演説で改めて〈二つの国民〉を攻撃することで、政治勢力としてこのとき出現した民衆、「サン＝キュロット」（当時貴族が着用していた半ズボン《キュロット》を穿いていない労働者）との結びつきを強めることになった。

九月三日、〈二つの国民〉の規定を含む一七九一年憲法が国民議会で採択された。一四日に国王が署名し正式に成立、憲法制定国民議会はその役割を終え、三〇日に最後の会議を開いて解散した。そのとき、「清廉の人」がペティヨンやグレゴワールとともに議会を出ると、市民による歓呼の声があがった。「腐敗のない議員たち万歳、清廉な人万歳！」。さらに、ルイ＝ル＝グラン学院の生徒たちがやってきて、彼らに三色のリボンとオークの葉で作ったリースを手渡した。それに対してロベスピエールは、馬車から飛び降りて声をかけたという(5)。それはあたかも攻守所をかえて、かつて国王が果たすべきだった役割をロベスピエールが演じ直しているかのようでもあった。

本章冒頭に紹介したインタヴューでマクロンは続けてこう語っている。「恐怖政治が情緒的、想像的、集団的な空白を埋めた。国王はもうそこにはいなかった」。恐怖政治はもう少し先の話になるが、国王の逃亡、そして民衆の虐殺という衝撃的な事件はフランス国民、とりわけロベスピエールにとって「空白」を顕在化させたという意味で恐怖政治へと向かうひとつのターニングポイントになっただろう。そこで「空白」を埋めるべく立ち上がったのは国民（民衆）だった。

憲法制定議会が解散したとき、議長は「革命は終わった」と語ったが、それはおそらく多忙と民衆の圧力で疲労困憊した大半の議員の願望を反映した言葉だった。しかし「清廉の人」はそうは考えなかった。「私は革命が終わったとは信じない」。ある意味で新たに始まったのである。

第八章　帰郷

最後の帰郷

ヴァレンヌ事件の直前、ロベスピエールは予期せずパリ県の検察官（革命期の役職）に選出され、代わりに前年の一七九〇年一〇月から議員と兼務していたヴェルサイユ裁判所の裁判官を辞した。「暴政のもっとも恐るべき道具」と自身も呼んだ検察官の職を引き受けるのにとまどいがなかったわけではない。受諾した翌日（九一年六月一二日）、田舎の友人に宛てた手紙には、その重責が強いると思われる困難について恐怖しか感じないと、心情を吐露している（OMR III : 110）。

しかし私は激動の運命に身を投じる宿命にあります。我が祖国のために可能なかぎり犠牲を払うまで、その流れに沿って進まなければなりません。私はつねに打ちのめされています。

このとき、心身ともに疲弊していた自分には休息が必要だとも語っている。しかし、議会内外の敵とその陰謀の存在が明らかになりつつある今、みずからが「恐るべき重責」を「全体の利益」のために引き受けなければならないと決心したと言うのである。

憲法制定議会の解散は、ロベスピエールに田舎での穏やかな休暇を与えるはずだったが、周囲がそれを許さなかった。帰郷前、妹に帰省の予定を知らせた際、できるかぎり公の歓迎行事はやめてほしいと伝えたのは、パリでの報道が過熱するのを避け、穏やかな帰郷を望んだからだった。しかし一〇月一四日、アラス南方の町バポムで妹弟たちと合流すると、地方の愛国主義者や衛兵が集まってきて歓迎を受けた。そして同日夜八時、市街地にはいると、街中に繰り出した多くの市民に迎えられ、音楽が鳴り響くなか「ロベスピエール万歳!」の叫び声が上がったのである。

一五日土曜日も歓迎ムードは続き、あたかも公共の祝祭のように人びとは踊り歌ったという。翌日は地元のジャコバン・クラブで歓迎式典が行われた。ルイ＝ル＝グラン学院卒業後、県の行政官を務めていた弟のオギュスタンが、田舎の〈英雄〉の凱旋を同会で事前に告知していたのである。

ロベスピエール(1791年頃)

一方で、地方のエリート(アリストクラート)の冷淡さにもロベスピエールは気づいていた。アラスの社会も、(旧)特権階級と愛国派(革命派)という二つの勢力に分断されていたのである。それでも、彼は民衆の出迎えにはやはり感激した。思えば、ここで「抑圧された人びと」と称される民衆のために弁護士活動を始めて政治家となり、地元から離れたヴェルサイユそしてパリでの議員活動を通じて改めて認識するに至ったのは、民衆と一体化する必要だった。

そこで、三〇ヶ月ぶりに戻った故郷で一体化すべき民衆を再発見する必要が彼にはあっただろう。その使命には、心の〈師〉との邂逅がやはり影響を及ぼしていたに違いない。以前紹介したように（第三章）、この頃に書かれたと推測される手稿に、「ジャン＝ジャック・ルソーの魂への献辞」がある。そのなかでロベスピエールは、自己と社会の変革の必要をルソーとの「邂逅」を通じて教えられたと書いていたが、続けて次のように語っていた。

かつてなく世界を揺り動かす偉大な出来事の渦中にあって、私はある役割を担うことを運命づけられている。専制の断末魔と真の主権の目覚めを目にして……私は自分に責任を負わなければならず、同胞市民に対してもやがて私の思想や行動に対して弁明する責任を負わなければならなくなるだろう。あなたの手本が私の目の前にはある。あなたの感嘆すべき『告白』。この上なく純粋な魂のこの素直で大胆な発露は、芸術のモデルというよりも美徳の奇跡として後世に残るだろう。

ここで言及されているルソーの『告白』は、第二部の刊行が革命直前（一七八八年）で、ロベスピエールもちょうど――これまで何度か言及してきたが――読んでいたのだろう。同書には、悪いのは社会であって人間ではないという信念が、自己の信条を曝けだすかたちで綴られている（この思想が直接示されるのは、同書に言及がある「マルゼルブに宛てた四つの書簡」〈一七七九年発表〉においてである）。つまり、「清廉の人」は革命の渦中でルソーを通じて、民衆の「善良さ」を再発見する使命を再認識したのではないか。そのためにみずからを曝けだす＝弁明する責任を負う覚悟が、「献辞」にはっきりと見いだせる。

その手稿でロベスピエールは、ルソーに会った際、「真理の崇拝に捧げられた高貴な生のあらゆる苦悩を理解した。それが私をたじろがせることはなかった。同胞の幸福を望んだという自覚が、有徳の士に与えられる報酬なのだ」と語ったあと、さらにこう続ける。

やがて諸国民の感謝の念が、同時代人が否定した名誉で彼の記憶を包む日がやってくる。私もあなたのように困難な生活を送っても、早すぎる死という代償を払ってでも善をなしたい。

前述の田舎の友人への手紙と合わせて読むと、アルトワ州アラスへの帰郷は単なる休暇でなくなることは避けられなかったように思われる。ロベスピエールがひとつの覚悟をもって帰った田舎で体験するのは、ある面では思想上の転回とも呼べるようなものだった。

聖職者の「公務員」化

ロベスピエールは、アルトワの農村地帯に友人を訪ねて旅行したり、農場で休暇を過ごしたりした。また、町の教会のミサを訪れ、その時の様子を知人（パリで住居を提供してくれたデュプレ）への手紙（一〇月一六日）で語っている。

それは、「宣誓拒否聖職者」（後述）が執り行っていたミサにおいて、足に重傷を負っているとされる男が突如松葉杖を放り投げて両手を挙げて歩き出すという「奇跡」が起き、その妻が神に感謝を捧げるという出来事だった。「私には場違い」だったと言う教会をまもなく立ち去ったロベスピエールは、その光景を残念に思ったという（OMR III : 126）。このような「奇跡」が起こるのは地方の修道会では珍しいというわけではなかったが、彼にショックを与えたのは、革命後にもそれを賛美する民衆の「狂信」であり、それを利用する「宣誓拒否聖職者」の影響力の大きさだった。

別の手紙（一一月四日）では、「宣誓拒否聖職者」のことを「貴族の聖職者」と呼び、新信者を見つけては「革命の敵にしている」と非難している。「というのも、彼が惑わしている無知な人びとは宗教の利益と国民の利益を区別できないため、彼は宗教の見解と見せかけて専制と反革命を説き聞かせているのである」。つまり、ロベスピエールが田舎で発見した民衆は「無知な人びと」であり、聖職者によって惑わされることで「革命の敵」になりかねない存在だったのだ（OMR III : 127）。

そのため、彼は**今あるがままの民衆**と一体化するわけにいかなくなる。たとえ本来は善良な存在だとしても、今目の前にいる民衆は惑わされているというべきである。確かにロベスピエールが民衆を「無知」な存在でもあると称するのは初めてではないが（OMR VI : 262）、〈象徴〉の失墜以来、心を寄せてきた民衆像の修正をこのとき迫られたのである。その場合、彼らを教え導くような存在が——単なる代表者（＝代議士）という意味を超えて——クローズアップされることになる。そしてこのとき初めて、ある意味でライヴァルとして浮上した存在が聖職者、特に「宣誓拒否聖職者」である。逆に、それまでロベスピエールが「聖職者」を特別扱いすることはなかった。

ここで「宣誓拒否聖職者」の存在を理解するために、革命の「反キリスト教」化の経緯を簡単に確認しておこう。もともとフランス革命は、当初から反キリスト教をめざしたわけではなく、社会の非キリスト教化を求めたわけでもなかった。聖職者のなかには革命に協力的なものも少なくなく、彼らは一七八九年八月の封建的権利の廃止にも同意した。また、国家財政が逼迫するなか、教会の全財産を国有化しようという提案が聖職者議員タレーランによってなされた。その結果として、収入源を失った聖職者が「公務員」化するのはある意味で必然となったが、これは革命と宗教が激しく反目し合う原因となった。

一七九〇年七月一二日、聖職者市民（＝民事）化基本法が成立。聖職者の職務・任用や報酬などを規定した同法は、聖職者を国家から給与が支払われる「公務員」にするというもので、同法を含む憲法への宣誓を義務づけた。市民化法は、俸給が極端に下がる高位聖職者にとって望ましくなかったばかりか、なにより聖職者を叙任するのは教皇、その背後にいる神であるという戒律を破壊するという点で、教会にとっては譲れない一線を越えるものとみなされた。

パリなどでは「縛り首か宣誓か？」という民衆による圧力があり、国内の宣誓聖職者は五割を超えたが、それでも特に地方では宣誓聖職者は逆に「裏切り者」と呼ばれ、糾弾されることも少なくなかった。ロベスピエールはこの時点では、全国的な宣誓拒否への根強い支持を十分に認識ないし警戒していなかったかもしれない。一方で、司祭が結婚する権利も擁護したことで、「信仰の要塞」と呼ばれたアラスの市民のなかで彼への反感が強まった。

ただ、ロベスピエールは宗教（キリスト教）を批判するというよりも、《民主主義》を貫徹することが目的だったことは確認しておいていいだろう。つまり、聖職者も主権者（＝人民）によって選ばれることに同法の意義を見いだしたのである。他方、この観点からカトリック以外の宗教を排除することなく、すでに八九年一二月二三日、あの〈二つの国民〉案を批判した頃の演説で、プロテスタントやユダヤ教徒に対して平等な市民権を要求していた（OMR VI：187–188）。彼にとって、これは宗教・宗派の種類の問題というよりも、あくまで民主主義の宗教であるかどうかが肝心だったといえる。

聖職者に宣誓を強制しようとする様子を描いた風刺画

ところが、帰郷したアラスでの経験は司祭あるいは教会の「政治的」影響力に対する警戒心をロベスピエールに抱かせることになった。そこで、彼らの影響力を排除しながら民衆をいかに教育し啓蒙していくかが当面の課題となる。また、宗教と同時に対外戦争の恐怖が、対処すべき政治課題として浮上してくる。

対外戦争の恐怖とブリソの登場

四六日間の田舎での滞在を終え、ロベスピエールは一一月二八日パリに戻った。それは二四日、議員時代に連絡を取り合っていたリール（フランス北部の都市）の「憲法友の会」に招かれて演説し、喝采を浴びた直後のことだった。帰京して今度はパリのジャコバン・クラブで、熱狂的な歓迎を受けたと手紙に書いている。「清廉の人」の人気は同クラブで衰えてはいなかったのである。

しかし、政治状況は大きく変わっていた。国王が国境付近の村ヴァレンヌで逮捕されて以後、特に九一年八月二七日にピルニッツ宣言（オーストリア皇帝のレオポルト二世とプロイセン国王フリードリッヒ＝ヴィルヘルム二世がザクセンのピルニッツで会見し、ヨーロッパの君主たちに向けてフランスに対し準備が出来次第「緊急の行動」をとることを要請したもの）が発表されて以降、対外戦争の恐怖が国内で煽られていた。実際、王弟がコブレンツ（プロイセンの町）に亡命宮廷を作り、同年には六〇〇〇人の貴族将校たちが亡命したという推計もある。これは「反革命」の動きとみなされ、またカリブ海植民地で起きた「反乱」によって敵国による干渉がなされるという憶測がその恐怖に拍車をかけた。

ジャコバン・クラブ内では、ジャック＝ピエール・ブリソの一派（のちにジロンド派と呼ばれる人びと。本書では便宜上、ブリソ派と呼ぶ）によって、主戦論が主導されていた。ブリソはひと月前、亡命者《エミグレ》に関する法案を議会に提出、ヨーロッパ列強との戦争を示唆した。一七五四年生まれのブリソはシャルトル（フランス中部の都市）近郊の仕出し屋の息子で、パリに出て革命前後に文筆で名をなし、国民議会に選出されていた。アラスへの帰郷前、ロベスピエールもその才能を認めていた人物だが、その後二人は同クラブで最大の政敵関係となる。

一二月一六日、長い不在の後、会合に姿を現したブリソが沈黙を破った。彼は革命の勝利には戦争での勝利が不可欠だという信念を語った。そして執行権力（国王）が戦争を宣言し、仮に国王が国民を裏切ることがあっても、「人民がそこにいる、心配すべきことは何もない」と言って、国民の不信を打ち消そうとした。演説はジャコバン・クラブで喝采を浴びた。

ブリソ

二日後、ロベスピエールは真っ向から反対した。「戦争を欲するのは、国民の利益がそれを欲する場合である。国内の敵を制圧しよう。続いて、まだいるとすれば、国外の敵に立ち向かおうではないか」。「これらの敵のうちでもっとも多くもっとも危険なのは、コブレンツにいるだろうか。いや、われわれの中にいるのだ」（OMR VII : 47）。実際、いま対外戦争を望んでいるのは宮廷であり政権である。われわれが想定しうる戦争、それは「革命の敵」との戦争でしかありえない。また戦時には、執行権力が恐るべき力を得ることに警戒すべきだ——そのように訴えたのである。主戦論が圧倒的に多い同会で、彼の演説は冷ややかに受け止められた。

では、〈国内の敵〉との戦いとは何か。それは翌九二年一月二日、ロベスピエールによる同クラブでの二回目の主要な演説のなかで明らかにされる。「なによりも重要なことは、われわれの努力の成果がどうであれ、その真の利益と敵の利益について国民を啓蒙することである」（OMR VII：75）。今は対外的な戦争をするときではなく、国内の反革命派と戦い、そのために国民を「啓蒙すること」が必要なときである。続けてロベスピエールは、ブリソ派が自分のことを人民の「守護者」を自認し彼らを堕落させようとしていると言うが、その非難はまったく当たらないと力説した。

まず、私が人民の守護者ではないことを知ってほしい。かつてそのような肩書きを要求したことは一度もない。私は人民の一員である。これまでそれ以外の者では決してなかったし、私はただ人民でありたいと望んでいる。

「人民の一員である」という告白を額面通りに受け取るわけにはいかない。というのも、続けてロベスピエールは、「人民」であるためには彼らをそのまま眠らせておくのではなく、その欠陥から守る必要があると言っているからだ。つまり、**今あるがままの民衆＝人民**の一員だと言っているわけではないのである。そしてロベスピエールは続けて次のように言う。

この点で、人民はそこにいるというのは非常に危険な言葉である。ルソーほど、われわれに**人民の真の理念**を見せてくれた人はいない。なぜなら、彼ほど人民を愛した人はいないからだ。〔彼によれば〕「人民はつねに善を欲するが、つねに気づくわけではない」。

ここで確認すべきなのは、アルトワでの体験にもとづいた思想上の転回であり、そのままの人民を超えて昇華された〈人民＝民衆〉という理念をルソーに代わって示すというロベスピエールの使命への自負である。そうした使命を背負った存在が〈**立法者**〉と呼ばれることになる（第一〇章）。

その後、ブリソはジャコバン・クラブの会合でロベスピエールへの評価を示すとともに、和解を呼びかけ、結果的に二人は抱擁し、大喝采が起こった。しかし、このときも自分の意見は変えないと宣言していたロベスピエールが「終戦」に応じることはなかった。

「国民主権の原理を傷つける」全議員を懲戒処分にしようではないか――。翌二月、そのように語ったロベスピエールは〈人民＝民衆〉の理念を追い求める。闘争は激しさを増してゆく。

第九章　「陰謀」への強迫

宣戦布告

一七九二年三月、ルイ一六世はブリソ派に内閣を組織させた。そして、革命の理念を世界に広めようとする同派と、逆に敗戦によって革命を止めようとする国王の思惑が一致、ついに四月二〇日フランスはオーストリアに対して宣戦布告した。議会で反対票を投じたのは、わずか七名だった。

開戦に反対したのはロベスピエールやジャン＝ポール・マラなど少数で、しかも彼らはこのとき議員ではなかった。マラはスイス・ヌシャテル生まれの（無免許の）医師という肩書きを持つが、革命勃発後に新聞『人民の友』を発刊し、ジャーナリストとしてパリ民衆の支持を得て国民公会議員となり、フランス革命を代表する指導者となる。身だしなみを気にしない点など、ロベスピエールとは対照的だが、ハンカチを首に巻き、シャツをはだけて演出効果を計算していた。「いうなれば天性のデマゴーグだった」(1)。

ロベスピエールの孤独は深まった。とはいえ、ブリソや国王らが一致して開戦に踏み切ったという事実は、国内にいる「革命の敵」たちが裏で結託しているという「陰謀」を裏づけるもので

1793年のマラ

もあった。少なくともロベスピエールがそのように主張するには十分な理由となる。彼は検察官の職を辞し、政治活動に専念する。ジャコバン・クラブで毎日のように演説をした。

　よく知られているように、この後戦線は拡大していき、革命の成就にとって致命的な足枷になる。そのことからすると、開戦に踏み切ったことは革命期のターニングポイントとなり、失策でさえあったかもしれない。が、この一〇年の間にジュネーヴ、オランダ、ベルギーの革命運動はいずれも外国の軍事介入によって鎮圧されており、また分割を経験したポーランドは、この頃着手された改革も国内の改革反対派の要求を受けるかたちで介入したロシアの軍隊につぶされた。そう考えると、フランスの住民、とりわけ革命家たちが外国勢力の干渉を恐れるのは自然だった。そして革命の進展を考えれば、このとき仮に開戦しなくとも、いずれ対外戦争に踏み切らざるをえなかっただろう。それでも、ロベスピエールからすれば今踏み切るべきではなかったのだ。それはなぜか。当面の敵は、革命を転覆させようとする「陰謀」を抱く主戦論者たちだからだ。ここには、アラスで政治活動を始めた際に用いたレトリック、「内部の敵」論が再現されている。

　ところが、そう主張したロベスピエールこそ、実はフランス政府内で暗躍する「**オーストリア委員会**」の代理人ないし工作員だと非難された。そこで彼は、四月二七日のジャコバン・クラブの会合でこれを否定し、逆に同委員会の影響がどこまで深く宮廷に及んでいるかを私は知らないと述べた。「私が知っているのはただひとつの行動原理である。それは人権宣言と憲法の諸原理である」(OMR VIII : 311)。そのうえで、絶えずそれを毀損する「野心、陰謀、策略、マキアヴェリ主義」の存在を示し、主戦派の「陰謀」を糾弾した。同じ頃、ロベスピエールの旧友デムーランは冊子を出版し、敵と結託して「仮面が剝がれたブリソ」を攻撃した。[2]

ところで、「オーストリア委員会」とは何か? それは以前から、議会と革命自体を転覆させようと画策する謎の組織として知られ、オーストリア政府、具体的には「マキアヴェリ主義的」宰相ヴェンツェル・フォン・カウニッツがそれを使ってフランス政府、その反革命派を操っていると考えられた。その存在をとくに明示的に証明するものはないものの、それが陰で大きな影響力を及ぼしているという断定は、「陰謀」論の典型的な特徴である。ただ、人びとにそう思わせる「事実」が出てくると、それはますます力を増してゆくことになる。

「オーストリア委員会」という用語は、一七九一年初頭に初めて急進派メディアに登場した。それは、ジャコバン・クラブが「祖国のすべての敵」を非難する宣誓を決議し、「陰謀」の追及と告発が同会の常套のレトリックとなった時期と重なる。[3] それはすなわち、陰謀論が革命の政治文化となったことを意味する。ブリソは、宣戦布告の翌月、早くも戦況が悪化する中、「オーストリア委員会」のようなスパイの存在を指摘し、それに戦況悪化の原因を帰せようとした。こうして双方が陰謀論を交えて論駁し合っていたのである。

確かにロベスピエールも、議員になる以前から特権階級の「陰謀」について語り、彼らの「仮面」の下に隠された真実を暴く必要を訴えていた。だが、革命下の人びとを「陰謀」に駆り立てたのは彼自身ではない。たとえば、論敵を非難する「愛国主義の仮面」という表現は、遅くとも一七八九年一一月にマラによって『人民の友』のなかで用いられ、翌年にはブリソ自身が使っている。

こうして革命家たちは、「陰謀にたいする強迫観念」にとりつかれていった。歴史家のリン・ハントは、それは革命当初からのものだったとして、次のように説明している。

フランスでは、陰謀は〔フランス革命と〕兄弟のようなものであり、それゆえ兄弟殺しのようなものだったのであり、それへの没頭は一七八九年以降ますます強くなっていくばかりであった。（中略）革命家たちは陰謀という隠れひそんでいる亡霊にとりつかれていたので、たえず仮面を剝ぐことについて語った。（中略）すでに一七八九年七月には、『国民の告発者』というタイトルの新聞があった。一七九三年までに、陰謀という語句は革命的言説にとって恒常的で不可欠な部分となっていた。[4]

革命は人びとを「陰謀」へと駆り立て、対外戦争がそれを加速させた。戦況の悪化、またその後に明らかとなるフランスとオーストリア両国王室の交信は、国内に「陰謀」が実在することを証明するものとみなされ、その力はますます大きなものとなってゆく。相手が本当は「裏切り者」ではないかという疑心暗鬼が、「仮面」の剝がし合いへと発展してゆくのである。

『憲法の擁護者』の発刊

ロベスピエールは真っ先に戦況悪化のスケープゴートとされた。彼はこれに対抗するため、自己の主張を展開する新聞『憲法の擁護者』を九二年五月に発刊、創刊号では、国民衛兵の司令官ラファイエットと結託しているとされるブリソ、および同派のコンドルセを名指しで批判した。

新聞名になっているように「憲法」を擁護するという立場にここでは立つ。このことは、現行の立憲君主政、言い換えれば「君主のいる共和政」（第七章）を擁護することを含意する。創刊号で、みずからを共和政主義者であるとしながら君主政主義者でもあるとしているのは、そのことを意味する。彼にとって肝要なのは、政治体制の分類ではなく人権宣言の尊重であり、人民主権の実現だった。

とはいえ、ロベスピエールが「君主」の存在にこだわる理由は何か？　人民主権の実現を考えれば、国王のいない共和政を採用するほうが自然ではないか。なるほど、彼にとっても国王はフランス国家の〈象徴〉だったはずである。ただ、この頃にはもはや尊重すべき対象ではなかっただろう。実際、この二ヶ月後、彼は国王の廃位を主張することになる。つまり、このとき「憲法」を擁護する理由がただ国王を崇敬の対象とするという信条以外にあったはずなのだ。

三月二日の議会では、「共和政主義者という言葉は何者でもない」、そう名乗っている敵たちは「国民が完全に啓蒙される前に」自由を奪おうとしていると主張していた。そのため、あらゆる偉大な精神が現れるのは確かに共和政だとしても、「より成熟した経験によって啓蒙された一般精神」に導かれるまで、われわれは「断固とした憲法の友」でなければならない（OMR VIII :

211-212)。つまり、今共和政を主張しているのはその敵たちであって、むしろ真の共和政を樹立するにはまず、彼らの「仮面」を見破る人民を教育することが肝心だと言うのである。『憲法の擁護者』では、ロベスピエールがとくに懸念していた敵たちの危険が具体的に明らかにされ、「憲法」を擁護する理由がよりはっきりと示される。

貴族からなる上院や独裁者の鞭のもとにひれ伏して堕落した人民よりも、王はいるが人民を代表する議会と、自由で尊重された市民のほうを私は見たい。チャールズ一世よりもクロムウェルを好むというわけではないのだ(OMR IV : 9)。

クロムウェルとは、イギリスのチャールズ一世処刑後に現れた「護国卿」、軍事独裁的な指導者である。この論説でロベスピエールは、今日共和主義を唱えている主戦論者たちが言葉という仮面の背後に隠し持つ野心として、戦争・軍隊を利用した**独裁権力の掌握の危険**を告発しようとしたのである。この種の独裁を防ぐため、とにかく啓蒙された〈人民=民衆〉が現れるまでは国王が存在している必要があったのではないか。そうでなければ、権威の「空白」を埋める独裁者が現れるのではないか――。確かにラファイエットは貴族出身だが、アメリカ独立革命に従軍して名声を博し、フランス国民の中でも大きな影響力を有していたため、このときロベスピエールの批判の矛先はブリソ以上にこの「革命」の英雄に向かっていた。

しかし翌六月、王政の崩壊の端緒となる大きな事件が起こる。戦況が悪化する中、議会では全国から二万人の連盟兵《フェデレ》（もともと連盟祭の参加者を指す言葉で、実態は国民衛兵）を徴募する法令が採択されたが、国王はそれとほぼ同時に採択された宣誓拒否聖職者の国外追放を可能にする法令とともにその承認を拒否したのである。そこで、パリのサン＝キュロットが宮殿に押し寄せた。このとき、ルイ一六世は政治的譲歩はしなかったものの、民衆の要求に従うかたちでフリージア帽（古代ローマの解放奴隷が被ったとされ、民衆の自由のシンボルとなっていた）を被った。これは、民衆こそが主人であることを内外に示す前兆となった。

同六月、ラファイエットが行政の無秩序とブリソ派の陰謀を非難、ジャコバン派を攻撃した（二六日）。そして、前線からパリに帰還し（二七日）、クーデタを企てるが失敗に終わった。彼を嫌っていたマリ＝アントワネットが、パリ市長になっていたペティヨンに通報し発覚したとされる。

ロベスピエールは、ラファイエットがジャコバン派を攻撃した二日後、同会の演壇に立ち、この男は穏やかな外見のもとに野心を隠し持ち、今みずから「仮面」をとったところだと論難した。そして、軍事行動を通じて独裁権力を握ろうとする手法はクロムウェルのそれだと改めて訴えたのである。この事件は期せずして、ロベスピエールの懸念を証明するかのように、軍事独裁の野心、「陰謀」の実在を明らかにするものとなった。

議会では、オーストリアとプロイセンの連合軍の攻勢の知らせを受け、七月一一日「**祖国は危機にある**」宣言が発せられた。これに対して同日ロベスピエールは、「この宣言以前から、陰謀家の司令官が我が軍のトップにいることは分かっており、腐敗した宮廷がわれわれの自由と憲法

ラファイエット将軍

に対して絶えず陰謀を企んでいたのも分かっていた」と、ジャコバン・クラブで述べた（OMR VIII：390）。つまり、祖国の危機の本質は国内、政府およびそれと結託した司令官にあると言うのである。

三日後の七月一四日、革命勃発から三周年を記念した全国連盟祭が開催された。この機会に連盟兵が全国から集まってきて祭典に参加し、パリにとどまった。祭典後に到着した兵士も少なくなく、なかでもマルセイユからやってきた連盟兵が有名である。道中、彼らが歌っていたのが「ラ・マルセイエーズ」と呼ばれる軍歌で、これが今のフランスの国歌となっている。

そのときロベスピエールは『憲法の擁護者』で、連盟兵はパリに残って愛国者たちと団結するべきだと主張した。と同時に、危機にある祖国を救うのは、議員ができなければ人民自身がやるしかないと訴えかけた。同紙の読者にとって、それが意味するところは実力行使だったとしても不思議ではない。そして七月二九日、彼はついに国王の廃位を要求、行政権力と立法府の再生の必要を訴えることで、事実上「憲法の擁護者」の立場を放棄した。

「美しい革命」と九月虐殺

八月三日、プロイセン軍の司令官ブラウンシュヴァイクが前月にコブレンツで出した声明がパリ住民に伝わった。彼らが即座かつ無条件に国王に服従しなければ、パリを徹底的に弾圧するという驚くべき内容だった。これは民衆にとって「陰謀」の実在を裏づけるものである。

国民は反発し、これを機にパリに四八あるうちの**四七のセクション**（それぞれ市民総会を有するパリ市内の地区）が国王の廃位を要求した。この運動を主導し一躍有名になったのが、コルドリエ・クラブの指導者で当時パリ市助役の職にあった、**ジョルジュ・ダントン**である。その請願は、九日に議会で審議されることになったが、議会は当日になると取り上げることもなく散会した。そこで市民たちは議会の対応に失望し、翌日朝五時頃に蜂起した。四八セクションに立脚した「蜂起コミューン（自治組織）」が設立されチュイルリ宮殿を襲撃、昼には宮殿が陥落した。議会は国王の監禁と権限の一時停止を決定、普通選挙による国民公会の召集を布告した。翌日、六人の大臣からなる執行評議会が設置された。

8月10日のチュイルリ襲撃

さらにコミューンの圧力のもと、議会は反革命容疑者の逮捕を全国の市町村長に許可（一一日）、ついで彼らを裁くための「特別刑事裁判所」の設置を承認した（一七日）。すると、同月三〇日、プロイセン軍によるヴェルダン攻略の知らせがパリに届き、住民の恐怖が増す中、コミューンは六〇〇名の反革命容疑者の逮捕を命じた。それは非合法であると議会が解散を要求したが、コミューンはそれを拒否。この間、コミューンの評議会メンバーに選ばれたロベスピエールも、議会による解散の決定を峻拒した。彼はこの蜂起を「人類（ユマニテ）を顕彰する、この上なく美しい革命が始まった」と評したほどだ（OMR IV : 358）。逆にブリソ派にとっては、いつ逮捕されるのかと、一連の出来事は恐怖でしかなかっただろう。

「革命」はこれで終わらなかった。九月にはいると、反革命容疑者が革命派の殺害に乗り出すという噂が住民の間に広まった。ここまでくると、「陰謀」は実在を裏づける必要もなかった。二日、武装した群衆が監獄に押し寄せ、みずから即席の「裁判」をして死刑判決を出し、殺害を始めたのである。これは五日まで続き、およそ一三〇〇人が殺害されたという。「九月虐殺」である。

9月虐殺（ラベイ監獄）

ブリソ派は虐殺の全責任をロベスピエールやマラに帰せようとしたが、ロベスピエールについてはそれを奨励したり黙認したりしたことを示す証拠はなかった。逆に、のちに行われた彼の医師へのインタヴューでは、ロベスピエールは「九月虐殺のことを語るときは決まって、嫌悪感をあらわにし」、奴らは革命を血で溺れさせてしまったと叫んだという証言もある。[5] それが仮に事実だとしても、ロベスピエールが国王そして議会を批判し、人民による直接的な行動自体を容認、さらには支持したのは事実である。彼が「美しい革命」と呼んだ八月の王宮襲撃でも、六〇〇人のスイス人傭兵が虐殺されている。

ロベスピエールは臨時裁判所の設置を議会に求め、「陰謀家」たちを処罰するように求めてもいた。また、虐殺が起こる前のことだが、パリのコミューンのうちに人民そのものを見いだし、第二の革命（「美しい革命」）で「人民の意思」が行使されたと評議会で主張した。[6] 少なくとも彼は民衆の蜂起を止めることはなかった。

とはいえ、その点では他の政治家もほとんど同じだったことを見逃してはならない。革命期の特徴は、政治指導者たちが陰謀論にとりつかれたことにあるが、それは当然民衆にも伝染し、虐殺にまで行き着く彼らの強迫を止められる議員はいなかったといえる。

革命史家のリン・ハントは書いている。「しかし陰謀のみが、革命家たちが大衆政治という新しい経験に直面したとき、体系的な強迫観念となったのである」。[7] 確かに、食糧不足の元凶を大臣や地主に帰す噂の類を含め、陰謀論は旧体制下にも存在した。しかし革命後、陰謀論はメディアの発達を背景に一般化・体系化すると同時に、社会と国民を二手に分断するような妥協不能な性格を帯びた。その原因は「大衆政治」、すなわち大衆＝人民の意思にもとづく政治の登場にあったのである。

人民の意思の支配は、人民が単一にして不可分の「意志」＝意思を持つことを前提とし、それに反する意思を認めない。相反する意見を述べる者は「敵」に認定され、人民の意思に反する「陰謀」を企てていると考えられる。しかし、人間の内面にある「意志」は証明できないがゆえに悪意の追及は終わることなく、いきおい生死をかけた闘争となろう。

その渦中で、ロベスピエールは虐殺を遂行した「人民」の現実と、啓蒙されるべき〈人民〉の理念との間で揺れ動くことになる。また、陰謀家による独裁権力の奪取を阻止するための「憲法」の擁護をやめたとき、改めて「代表者」のあり方が問われなければならなくなるだろう。

さあ、明日はいよいよ国民公会の開幕である。

第Ⅲ部　共和国の誕生

第一〇章 〈民の声〉は「神の声」か？

共和国の誕生

一七九二年九月初旬、国民公会議員を選出する選挙が実施された。投票権は二一歳以上の男子に限られ、家内奉公人や無収入の者には与えられなかった。それでも、従来の〈能動市民〉と〈受動市民〉という区別＝差別が初めて撤廃された選挙の実施だった。その意味で、ロベスピエールが訴え続けてきた人民主権＝民主主義がひとつ実現されたことになる。

とはいえ、投票率は一〇パーセントに満たず、有権者約七五〇万人中、投票したのは七〇万人程度だった。その理由としては、間接選挙という制度の複雑さのほか、ちょうど農作物の収穫期にあたっていたとか、戦争に従事する者が多かったとか、諸々の理由は挙げられるが、いずれにせよ、誕生したばかりの近代民主主義は初めから多くの難問を抱えていたことだけは確かである。

ロベスピエールは、パリで（これまで一番人気だった）市長ペティヨンを破って一位当選を果たした。二位はダントン、弟のオギュスタンは地元アラスでは落選したものの、パリで当選した。同じく、ロベスピエールの盟友となる若きサン＝ジュストもパリで当選を果たした。

九月二一日、国民公会が開幕。公会（Convention）とは、アメリカ建国期の憲法制定議会

(Philadelphia Convention) に由来する言葉で、国制＝憲法を改めて定めることを課題とした議会であることを示す。同日の会合では王政の廃止が宣言され、名実ともに共和国が誕生した。

議員七四九人中、新人は四七〇名、四割近くが元議員だった。立法議会に続いてブリソ派（ジロンド派）とモンターニュ派（山岳派）が激しく対立することになるが、どちらにも属さない議員が多数派を占めた。彼らは議場で前方の低い席に座っていたため、**平原派**（沼沢派）と呼ばれた。モンターニュ派については、すでに九二年春までにはロベスピエールの支持者たちが立法議会で最上段左翼席を陣取っていた習慣から、そのように呼ばれるようになっていた。

早速、ブリソ派と山岳派が連邦主義というレッテルをお互いに貼って対立した。前者は、パリの特殊性を認めフランスを分裂させるのが連邦主義だと主張。後者は、首都のリーダーシップによるフランスの一体性を否定するのが連邦主義だと反論した。このように、当時は革命遂行の一体性を乱すというマイナス・イメージが付された連邦主義をめぐって両者は論難し合ったが、特にブリソ派には、パリ民衆の影響力が過大になっているという警戒感があった。彼らはパリ選出議員、特にロベスピエールやマラを敵視していたのである(1)。

その対立は、古代ローマ以来の共和政の歴史、直近ではアメリカ建国期にあった共和国に適切な規模に関する議論などについて理解を深めることなく、ただフランス

国民公会が開催されたチュイルリ宮殿内（屋内馬術練習場）

は「一にして不可分の共和国である」と宣言し、連邦制を否定してひとまず決着した（二五日）。

「世論」の専制？

国民公会が開幕した頃、ちょうど前線からフランス軍が優勢という明るいニュースが届いた。それもあって、主戦論を唱えていたブリソ派が攻勢に転じる。同派は、ロベスピエールがマラやダントンと「三頭政治」さらには「独裁」を企んでいると非難し、ネガティブ・キャンペーンを始めたのである。

翌月、ロベスピエールは数週間休刊していた『憲法の擁護者』に代わる新たな新聞、『マクシミリアン・ロベスピエールの有権者への手紙』を発刊し、反撃に出た（新聞名にある「有権者」というのは「すべてのフランス人を意味する」という注意書きが表紙にある）。同紙には、ジャコバン・クラブや国民公会での演説も掲載されたので、まさに自説を全国に展開する媒体の機能を果たすことになった（翌年二月まではほぼ週一のペースで定期的に刊行され、刊行は四月まで続いた）。

第一号は一〇月一九日に刊行された。そこで、共和国の樹立を主張する者のなかには二つの勢力が存在すると指摘する。かつては二つの党派（王党派と革命派）に分断されているように見えたが、今日そのうちの一方は打ちのめされた。しかし、残ったもう一方の党派のうちには、愛国主義の名のもとに混同されている二つの勢力が存在するという。

一方は、自分たちのために共和国を樹立しようとする者たちであり、他方は、これまで革命の情熱を高揚させてきた動機の本質に従って人民＝民衆のためにそうしようとする者たちである。（中略）いまや共和国のなかに二つの党派しかない。良い市民の党派と悪い市民の党派である（OMR V : 18）。

ロベスピエール、ダントン、マラの架空の会談（A・ルデ画。ユゴー『九十三年』より）

このように識別された善悪の二元論自体は単純に見えるが、問題は、世論が「より巧妙になった敵」をこれまでのようには識別しづらいことにあるとロベスピエールは訴える。「陰謀家たちは、善良な人びとに対して宮廷よりも冷酷な戦いを宣言したのだ」。そこで、彼は人民の代表者（議員）のあり方について説き、そのうえで民衆を善導すべき〈**立法者**〉の存在に言及する。

確かに、「政府は一般意思を尊重するために組織されるが、統治する者は自然と個人的利益の方に向かうため、法によって彼らを絶えず共通の利益の方に戻さなければならない」。そのためには、さしあたり彼らに人民は臣民ではなく主権者であるという観点から物事を見るようにさせる必要があり、代表者はみずからの感情や前例＝偏見に頼るのではなく、「あなた方（＝人民）のなかにみずからの規範を認める」べきであると説明される。

これは、「私は人民の一員である」という宣言を思い出させる筆致である。ただやはり、ここでも「あなた方」とは**今あるがままの民衆**を指していないと考えられることに留意すべきである。実際、ここで彼は、ルソー『社会契約論』の〈立法者〉に関する記述をあえて引用する。

その知性は、人間のあらゆる情念をよく知っているのに、そのいずれにも動かされず〔中略〈ロベスピエール自身が挿入〉〕進みゆく時のかなたに遠く栄光を展望しながら、ある世紀において苦労し、別の世紀においてその成果を享受することのできる、そういう知性でなければならないだろう。人間に法を与えるためには神々が必要であろう。(2)

この箇所でルソーの念頭にあったのは、古代ギリシアの伝説的な立法者リュクルゴスである。ルソーを引用するロベスピエールも、立法者はリュクルゴスのように人民からはほど遠い存在で、いったん国制＝憲法が樹立されれば〈法外な影響力を及ぼすことのないよう〉政治に関与せず、そこから立ち去るべき存在であると考えていたのだろう。「少なくとも人間的感情を抱く、開明的であるとともに勇敢な哲学者たちが必要である」と、ロベスピエールは続けて述べている。

興味深いことに、前年のシャン＝ド＝マルスの虐殺以降、民衆に押されるかたちでそれと一体化しようとしてきたロベスピエールが今、人民を導く〈立法者〉の立場に身を置こうとしている。アラスへ帰郷した際の民衆への幻滅、九月虐殺における民衆への恐怖はもとより、その後再び議員になったという立場の変化もこのことに関係していただろう。

しかし他方で、先の引用の（中略）の部分で、立法者は「われわれ（＝国民）の性質とまったく似ていない」、「自分の幸福はわれわれとはかかわりがない」とルソーは書いている。この部分をあえて省略したロベスピエールにとって、〈立法者〉は現実の人民からはほど遠い理念を抱きながらも、それとは異質ではなく寄り添った存在でなければならなかったのではないか。そのことは、ロベスピエールにとって〈立法者〉が代表者（議員）と完全に区別されないことと関係する。

一〇月二八日、ジャコバン・クラブの会合でブリソ派がパリで蜂起した民衆たちを「アナーキスト」とみなして批判したのに対して、ロベスピエールは彼らを擁護して次のように訴えた。「彼らは誠実な人びとであり、共和国が必要とする人びとである。われわれはサン＝キュロットであり、卑賤の徒なのだ」（OMR IX : 59）。ここでは、もともと暴力的な民衆を指す蔑称として用いられ始めたサン＝キュロットをみずからの呼称とすることで、〈われわれ〉は人民的＝民衆的であることを示し、ブリソ派が民主主義者ではないことを浮かび上がらせる意図があったのだろう。

翌日、ブリソ派議員たちが国民公会で反撃に出る。先鋒は、マルセイユ生まれの元地方役人、フランソワ・ルベキである。「私は、ある個人が他の場所〔ジャコバン・クラブ〕でなしえた言葉による専制支配をここ〔国民公会〕ではおこなわないよう要望する」[3]。続いて分厚い原稿を取り出し、二時間近く演説をぶったのは、パリの本屋で働きながら官能小説を書いて名をなしたジャン＝バティスト・ルヴェである。「清廉の人」と呼ばれる人物が世論の独裁者として現れ、暴君となりうると訴えた(4)。

ロベスピエール、あなたがもっとも純粋な人びと、もっとも愛国的な人びとを長きにわたって中傷してきたことを私は告発する。(中略)あなたが偶像崇拝の対象としていつも人前に現れたことを私は告発する。(中略)あなたが陰謀や恐怖、あらゆる手段を使ってパリの選挙人の総会で暴政を行ったことを私は告発する。あなたが明らかに至高〔＝独裁〕権力をめざして進んできたことを私は告発する。

ルヴェによる数度の「告発」に対して、ロベスピエールは平静を装って何も答えなかった。一週間後の一一月五日月曜日朝、議場はいつになく活気に包まれていた。朝早くから数千人もの人びと——その多くは女性や貧民であった——が傍聴席を目がけて押し寄せてきたのである。お目当ては、ロベスピエールの演説(ルヴェに対する反論)だった。

なぜ、これほど多くの女性や貧しい人びとが、彼のいるところに人だかりを作るのか。ある新聞はこの疑問にこう答えた。「それはフランス革命がひとつの宗教であり、ロベスピエールはそこにひとつの宗派を作っているからだ(5)」。ジロンド派のコンドルセの言葉は、この事態を皮肉っている。「彼は宗教指導者ではないが、ある宗派のリーダーとしての資質をすべて持っている。(中略)ロベスピエールは司祭であり、今後もそれ以上のものではない(6)」。

革命の「司祭」が演壇に登った。そして、「私はなぜ非難されているのか」とまず問いかける。

ルヴェは「世論による専制」と言うが、もっとも熱心な愛国者の意見による支配がなぜ「専制」なのか、私にはわからない。そう述べて、相手のレトリックを逆手にとって逆襲した。

この支配はそれを表明する特定の誰かによるものではない。それは普遍的な理性に属するものであり、その声を聞こうとするすべての人びとに属する。（中略）経験が証明したのは、ルイ一六世やその味方の意図に反して、ジャコバンや民衆協会〔全国の都市で組織された政治クラブ〕の意見がフランス国民の意見だということである（OMR IX : 84）。

これは自分たちの意見が国民全体の意見だといわんばかりの発言だが、それはともかく、ブリソ派が「専制」と呼んでいるのが民衆の意見としての「世論」の支配だとすれば、これを否定することは民主主義を否定することに等しい。しかも、専制的権力を行使するには「主権を転覆させるだけでなく、立法府を消滅させることが必要だ」が、自分は世論に支持された〈言論の府〉の支配を主張しているのであって、そのかぎりで専制的権力（独裁）を否定するとロベスピエールは示唆しているのである。彼には立法府＝代表者を中心に政治はなされるべきという信念があった。

ジェローム・ペティヨン

演説後、ルヴェに反論の機会は与えられず、論戦はロベスピエールの勝利に終わった。彼はジャコバン・クラブに帰って演説を印刷し、地方のクラブ（民衆協会）に配布した。そこで、彼の人気を嫉妬した（直前の選挙でロベスピエールに敗れた）かつての友ペティヨンが紙上で、ロベスピエールはいたるところで陰謀を巡らし「独裁者」たろうとしていると非難した。「清廉の人」はすぐさま『有権者への手紙』（一二月三〇日号）で容赦ない批判で応じた。ことほど左様に、かつての「友」がすぐに「敵」に転化するような政治環境である。神経質な革命家の心身は、さらに疲弊させられたに違いない。

そのような政界の荒波の中、ロベスピエールにとって戦いを終えて帰って休める港のような場所がおそらくひとつだけあった。彼が借りていた部屋であり、家主であるデュプレ一家である。夫妻のほか子ども四人（息子一人、娘三人）、甥一人が同じ屋根の下に暮らしていた。三人娘のうち長女のエレオノールとは非常に親しい友人となり、他の姉妹も自分の子どものように可愛がったという。

彼は日中、一家とシャン＝ゼリゼ通りで犬（アラスから連れてきた愛犬ブルン）の散歩をするのを日課としていた。そのときほど、ロベスピエールが「陽気で満足」そうに見えることはなかったと、三女エリザベート（フィリップ・ルバ〈弁護士出身の国民公会議員でサン＝ジュストの協力者〉の婚約者）はのちに回想している。(7) 夜、散歩から帰ると、マクシミリアンがコルネイユやヴォルテール、ルソーの著作を一、二時間朗読するのを聞くのを一家は実に楽しみにしていたという。彼は朗読が終わると、全員に「おやすみなさい」と告げ、自室に戻って行った。

「ルイは裁かれえない」

九二年秋、連邦制が否定された後、国民公会の議論の中心は国王の処遇に移った。一一月七日、国王裁判の是非を検討してきた立法委員会は、それが可能であるという報告書を議会に提出した。そこで論戦の口火を切ったのは、初登壇のサン＝ジュストである。髪を肩にたらし、目鼻立ちの整った細面の年少議員は、ルイは「（九一年憲法下の）市民」としては裁かれえないと主張し、彼の「犯罪」の証拠を並べ立てた。その演説の数日後、国王が隠し戸棚（換気口？）を使って外国にいる「敵」と通謀していたという証拠が発見され、裁判の実施は避けられなくなる。そうした中、翌月三日、ロベスピエールが演壇に立った。

> ルイは王だった。そして、共和国が設立された。（中略）ルイはその犯罪によって王位を剥奪された。ルイはフランス人民を反逆者と告発した。〔そして〕換気口に暴君たちの軍隊やその一味を招き寄せた。〔そこで〕勝利と人民は彼だけが反逆者であるという決定を下したのである。よって、ルイは裁かれえない、すでに裁かれているのだ（OMR IX : 121）。

壇上のサン＝ジュスト

ロベスピエールにとって、ルイ一六世（いまや元王は称号を剥奪され「ルイ・カペー」と呼ばれていた）はすでに革命＝蜂起

裁判で陳述するルイ16世

によって裁かれた存在であって、ここで改めて裁かれえないのである（議会は法廷ではない！）。逆に、それを認めてしまえば、無罪になる可能性も出てくるが、その場合、革命の意義が争われ、掘り崩されることになってしまうではないか。

「暴君の訴訟、それは蜂起である」。というのも、「人民は通常裁判所のようには判決を下せない」からだ。確かに、これまで自分は死刑に反対し、「死刑一般は犯罪である」としてきたが、例外は認められるべきだとロベスピエールは弁明する。「投獄しても追放しても、その存在は公共の幸福にとって無関係なものにはなりえない。司法が認める通常の法に対するこの例外は、もっぱらその犯罪の性格によるのだ。（中略）ルイは死ななければならない、祖国が生きなければならないからだ」。こう言明したあと、それはルイ個人への憎悪からではなく、その誤った行為自体を私は憎むのだと付け加えた。

一二月一一日裁判が始まった。すると同日、国民公会議長宛に一通の手紙が送られてきた。

謹啓　国民公会がルイ一六世にたいして弁護顧問を与えるのか否か、またその選択をルイ一六世に任せるのか否か、わたしは存じません。しかし、そうする場合には、ルイ一六世がもしわたしをその職務のために選ばれるなら、わたしはそれに献身する用意があることを、ルイ一六世に知っていただきたいと考えます。（中略）多くの人びとがこの職務を危険だと判断しているとき、わたしは主君に対して同じ務めを果たさなければなりません。[8]

かつては多くの人びとが主君の寵愛を熱心に求めて宮廷に押し寄せたが、今彼を弁護するために馳せ参じる者はほとんどいない。それは己の身を危険に晒すことになるからだ。そんな中、かつてルイ一六世に大臣として二度仕え、革命勃発前すでに隠居の身にあった司法官が、彼の弁護に名乗りをあげた。旧体制下で出版統制局長や租税法院院長などの要職を歴任する一方、ルソーの友人にして啓蒙思想家たちの庇護者として知られたマルゼルブである。

法服貴族の名家出身のクレティアン゠ギヨーム・ド・ラモワニョン・ド・マルゼルブは、貴族の務めを果たそうとした。それは確かに貴族の義務（ノブレス・オブリージュ）ないし主君に尽くす忠誠を示している。ただ、彼が守ろうとしたのは人とともに法であったことを見落としてはならない。君主であれ民衆であれ正当に裁かれる権利がある。彼らの自由や権利が恣意によって抑圧されるのを恐れたマルゼルブは老体に鞭を打ったのである。

人を裁くのは、世論なのか司法なのか――。二六日に再開した審理で、同月七一歳になったばかりの元検察官の率いる弁護団が法定弁論を行い、国王も簡単な最終陳述を済ませた。が、〈民の声〉による裁きへ向かう流れは止められなかった。判決が議員たちに委ねられた同日、国王の追放か赦免を求めていたブリソ派が、最後に提案した窮余の一策は、なんと人民投票だった。同案に反対したロベスピエールを含め、その流れを止められる議員は誰もいなかったのである。

第一一章　恐怖時代の幕開け

死刑執行人の使命

これは、バルザックの短編「恐怖時代の一挿話」（一八三一年）の一節である。

死者の遺骸もなく、彼らは死者のミサをするのであった。ばらばらの屋根瓦と木摺《きずり》のもとで、四人のキリスト教徒は、これからフランス王のために神にとりなしをねがい、柩《ひつぎ》もない葬儀をおこなおうとしているのである。あらゆる献身のうちもっとも純なもの、微塵も底意のない忠誠のおどろくべき行為であった。神の眼には、それは疑いもなく、もっとも高い徳行と重さに甲乙のない一杯の水のようなものであった。司祭と二人のあわれな童貞の祈りのうちには、君主政治のすべてがあった。けれどおそらく大革命も、この見知らぬ男によって代表されていたであろう。いまや限りない悔恨の祈誓を果たしつつあるのだと思うまいとしても、彼の顔にはそれを裏切ってあまりにもはなはだしい良心の苦悶があらわれていたのである。

（水野亮訳）

真冬のパリ、ある司祭と二人の修道女の隠れ家で行われたというミサの様子が描かれている。「ある高貴な方」の御魂を鎮めるため、見つかれば死罪になりうる危険を冒して執り行われた追悼のミサだった。その執行を懇請した「この見知らぬ男」の名は、シャルル＝アンリ・サンソン（一七三九～一八〇六年）という。サンソン家は代々、パリで死刑執行人の職を務めてきた。シャルル＝アンリは、その四代目当主で、フランス革命の登場人物たちを断頭台（ギロチン）で死刑に処してきた人物として歴史にその名を残している。

ルイ16世の処刑（1793年1月21日）

彼は「ある高貴な方」すなわちルイ一六世の死刑を執行した翌日、囚人のミサを秘かに依頼したのだった。サンソンはその日以前に国王と会う機会が二度あった。二度目は一年ほど前、チュイルリ宮殿で行われたある会合に呼ばれたときのこと。それは新しい死刑執行機械の設計図を検討する非公式の会合で、その製造に携わった侍医によって考案者のギヨタンとともに呼び出されたのである。ルイ一六世はもともと金具製造を趣味にしていたが、先ごろ人道的な観点から考案された機械「ギロチン」に関心を抱き、意見を求めたのである（ギロチン〈英語読み。仏語ではギヨティーヌ（guillotine）〉はギヨタン（Guillotin）の名に由来する）。

旧体制下のフランスでは、斬首刑がなされるのは貴族だけで、あとは罪の種類によって絞首刑から八つ裂きの刑までいくつかあったが、車輪刑がかなり一般的に執行されていた。マクシミリアンも以前から訴えていたように、その残酷さは革命前から問題にされていた。

　サンソンの回想によれば、人道の観点から斬首刑も「確実に」行えるよう、ギロチンの刃は国王の提案にもとづき三日月型から斜めの直線へと変更になったという。翌年、この刃によって国王自身が斬首されるとは、歴史の皮肉である。ルイ一六世本人はもとよりサンソンも想像すらしなかった悲劇だろう。筋金入りの王政主義者だった死刑執行人は、一七九三年一月二〇日、国王の死刑判決確定の一報を聞いたとき、激しく動揺したのだった。

　裁判は一月七日に結審、その後評議され、三八七名が死刑、三三四名がそのほかの刑を要求し、二八名が棄権・欠席した。一九日と二〇日には「死刑に執行猶予をつけるか」が問われたが、賛成三一〇票、反対三八〇票で否決され、死刑が確定した。その結果は午後二時頃、国王にも伝えられた。

　個人的には、「高貴な方」の死刑を執行したくはない。だが、サンソン家は代々、死刑執行人の職を務めてきたことを誇りにしていた。その一族の「使命」を果たさないわけにはいかない。シャルル＝アンリはその狭間で葛藤していた。そこで、国王が死刑執行の場（革命広場。現在のコンコルド広場）に到着する前に救出されるという噂に一縷の希望をつなぐが、叶わなかった。「もはや疑いようもなければ、幻でもない。近づいてくるのは、まぎれもなく殉教者だった。／私の視線は混乱し、身体中がガタガタと震えた」[1]。

一月二一日午前一〇時過ぎ、サンソンの期待も虚しく、ギロチンの刃が「不幸な王」の首に落ちた。最期の言葉は、「私は告発されたすべての罪について、無実のまま死んでいくのだ」だったという。この人を殺《あや》めてしまったという「良心の苛責」が、死刑執行人をして冒頭のようなミサを秘かに行わせた。いや、そのような創作意欲をバルザックに湧かせたのである。その「忠誠の驚くべき行為」には、立場は違えど、マルゼルブによるルイの弁護を思わせるものがある。

驚くべき忠誠が向かう対象は王という国の〈象徴〉だった。確かに九二年九月に王政は廃止され、それは地に堕ちたはずだ。王国を象徴する父としての君主に代わって、共和国を象徴する母としての女神が各地で飾られ、聖性は転移してゆく（上図参照）。それでも、ある人びとの心のなかで国王は聖なる象徴であり続けたのだろう。しかも「殉教者」となることで、ルイ一六世そして王家はある種の神聖さを纏《まと》うことになる。多くはその信奉者である「反革命」と呼ばれる人びととブリソ派（ジロンド派）、モンターニュ派（山岳派）による〈象徴〉をめぐる三つ巴の戦いは最終局面を迎える。

自由の祭典（1792年9月28日。ルイ15世の彫像があった台座に置かれた自由の女神）

「どこもかしこも陰謀だらけなんだ」

国民公会が開幕した頃、九二年八月の「美しい革命」と九月虐殺によって激化した対立は終息するのではないかという期待が人びとにはあった。だが、ブリソ派はモンターニュ派を執拗に攻撃し、「虐殺」を彼らの責任にして逮捕を目論んだ。議会の多数派はブリソ派にシンパシーを抱いたが、それには議長をはじめ要職を同派が独占していたことも一因とされる。しかし、絶えざる激論の中、他の解決すべき議題が話し合われず、議員たちも次第に飽き飽きしてきた。また、ルヴェによる激しい口撃にもロベスピエールが屈せず首尾よく反論することで、山岳派に対する多数派議員の不安はある程度落ち着いた。さらに、国王の死刑を阻止しようとしたブリソ派には、国王支持者（＝反革命派）という負のイメージが残ることになった。

ブリソ派の議会内での優勢はなお続くが、同派が主導してきた戦争によってその支配は揺らいでゆく。最初のきっかけは、三〇万人動員令（九三年二月二四日）だった。前年一一月にデュムリエ将軍率いるフランス軍がオーストリア軍を破ったあと、国民公会は自由の回復を求める他国民を援護する法令（一一月一九日）を発し、サヴォワやニースを併合、九三年二月にイギリスやオランダに宣戦布告するものの、戦況は徐々に行き詰まりを見せる。そもそも志願兵を中心とした軍の編成や規模には限界があり、そこで全国各市町村から三〇万人を徴兵しようという命令が出されたわけだが、各地で不満そして反乱が続出したのである。

三月、農家では人手のいる時期、徴兵は死活問題だった。なかでも農民蜂起で有名になったのは、フランス西部ヴァンデ地方である。徴兵令の発出を機に「ヴァンデをはじめ西フランスの民衆の怒りは頂点に達した」(2)。そして共和国軍を一時負かし、粘り強く抵抗したのである。その知らせがパリに届いた頃、ネールヴィンデン（現ベルギー領）でのデュムリエ将軍敗退の一報が伝えられ、議会は混乱した。同地方の反乱は、英国首相ピットの資金援助や亡命貴族の関与などを連想させ、「反革命派」に対する陰謀論が再び噴出することになる。この頃、英国およびピットの介入は、「オーストリア委員会」に代わる陰謀論者たちのお気に入りの題材となっていた。

同月一〇日、国民公会では、陰謀を企む者たちを裁くことを目的に「特別刑事裁判所」が設置されたが、それは後述するようにダントン主導でブリソ派の反対を押し切るかたちで決まった。

デュムリエ将軍

ヴァンデ戦争

その背景には、この頃食糧不足のために全国各地で騒擾が生じ、同派の支持が議会内外で低落していたことがあった。

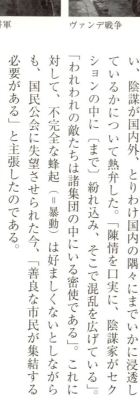

一三日、ロベスピエールはジャコバン・クラブで演説を行い、陰謀が国内外、とりわけ国内の隅々にまでいかに浸透しているかについて熱弁した。「陳情を口実に、陰謀家がセクションの中に〔まで〕紛れ込み、そこで混乱を広げている」。「われわれの敵たちは諸集団の中にいる密使である」。これに対して、不完全な蜂起（＝暴動）は好ましくないとしながらも、国民公会に失望させられた今、「善良な市民が集結する必要がある」と主張したのである。

さらに、この危機の瞬間に対処するために設置されたという革命裁判所（＝特別刑事裁判所）について、愛国者を告発するのに悪用されるのを防ぎながら、陰謀家を裁く場として活用されなければならないと訴えた。そのうえで、ロベスピエールの革命の哲学が開陳される。

最終的に彼ら〔国民公会の議員〕が真に熱狂的な愛国心に突き動かされるなら、みずからを告発する必要がある。そのとき愛国者たちは彼らを許すだろう。なぜなら、われわれは自由の敵全員の死を要求しているのではなく、彼らがみずから改心して生きることを要求しているからだ（〔議場では〕大きなざわめき）。

要するに、私は今あなた方に大きな陰謀があることを示したが、それを挫く手段はひとつしか知らない。陰謀家たちに、すべての卑劣な行為をみずから打ち明けるように強いることである（OMR IX : 326）。

陰謀を企てていることをみずから告白しろ、というわけである。ここには、自己を曝け出し弁明すれば人びとの意志＝意思は一致するという、あのルソー思想を連想させる発想がある。陰謀を疑われた者はそのような意志がないことを証明可能で、その場合われわれは許すと革命家は言う。しかし、そのようなことが実際に可能なのか。それはさしあたり問わないとしても、そのようにして成立するはずの、代表者と人民の純粋＝**透明な関係性**をロベスピエールは求めた。

これに対して、独裁者たろうとする勢力を許す余地はなく、妥協は「ありえない」と紙上で断言し、「終わりなき戦い」を宣告したのはブリソの側だった（三月一〇・一六日）。さらに、事態の悪化が避けられなくなる事件が起こる。大きな陰謀を裏づける「事実」が発覚したのである。べルギー戦線で敗北を喫したデュムリエ将軍が三月二七日、軍隊をパリに向かわせ国民公会を解散させようとして失敗し、しかもその後四月四日にオーストリア軍に投降したのである。彼は将軍になる前、ブリソの推薦で外務大臣を務めた人物であり、彼の「裏切り」はブリソ派の印象をさらに悪くしたことはいうまでもない。モンターニュ派にとってだけでなく、民衆にとっても、ブリソ派と反革命派を見分けることは困難となった。

それでも、ロベスピエールは彼らの「追放」には慎重だった。ジャコバン・クラブの会合（三月二九日）で、人民自身が国民公会を救わなければならないとする一方で、（そのとき議題にのぼっていた）議員の不逮捕特権には手をつけず、議会の場で「仮面」を剝がすべきであると訴えた。同特権を剝奪する法令が出された四月一日も、ロベスピエールは祖国・共和国を救う手段は議会、国民代表制であって、これを侵食するのは愚の骨頂であると繰り返したのである。

同月三日、かつてはロベスピエールとパリ民衆の人気を二分したペティヨン法相は、こう訴えた。「われわれの国外の敵がいかに恐ろしくとも、国内の敵のほうがよりいっそう恐ろしい。彼らから偽りの人気の仮面を剝ぎ取るべきときだ」。これに対して、今度はロベスピエールが、ブリソや同派とデュムリエとの関係を明らかにしたうえで、祖国のためには国民公会の場で「陰謀のモーター」であるブリソの「仮面」を剝がす必要があると反駁した。

こうして両派はやはり陰謀論を楯に同じ言葉を用いて論駁し合っていた。ヴィクトル・ユゴーの小説『九十三年』（一八七四年）の「架空の会談」でマラは、ロベスピエールとダントンに向かって次のように語った。「いいかい、次のことをしっかり心得ておくんだぜ。危険は、きみたちの頭上にあるんだ、足もとにあるんだ。陰謀だ、陰謀だ、どこもかしこも陰謀だらけなんだ」（辻昶訳）。

四月一二日、ブリソ派はついにマラの逮捕を要求した。マラがジャコバン・クラブで同派出身の大臣の罷免を要求したという反乱煽動の罪が表向きの理由だったが、それは明らかに政敵を排除するための口実だった。同日、ロベスピエールは「人民の代表の人格は尊重されるべきだ」と述べたうえで、確かにその言動が「非合法に見える」としても、裏切り者たちを死に追いやるようなものではなかったと、マラを擁護した。彼にとって、代表ならびに議会は尊重されるべきで、敵への攻撃もあくまで「合法的」に行なわれる必要があった。

むしろ、なりふり構わぬブリソ派の行動は一線を越えたものに見えただろう。司法大臣のペティヨンは同日、かつての友に向かって次のように言い放った。「ついにすべての卑劣な言動が終わるときである。裏切り者と中傷者の頭を死刑台に送るときなのだ。私はここに、彼らを死に追いやるまで追及することを約束する」。さらに、「私の忍耐は限界なのだ。裏切り者たちの仮面を剝がすことを誓う」というお決まりのフレーズが続く。だが、いくら感情的になったからとはいえ、相手を「死に追いやる」とまで口撃するような議場での発言は、一線を越えたというべきだろう。しかも、つい三ヶ月前に国王が死刑台に送られたことを考えれば、その発言にはある種のリアリティさえあった。

二四日、パリの革命裁判所はマラを無罪にした。そして彼は国民公会に堂々と凱旋したのである。そのときブリソ派の劣勢は決定的となった。この事件は国民公会にとってひとつの大きな節目となる。

長期欠勤と「五・三一蜂起」

マラの告発と前後してロベスピエールはクラブや議会で、敵に買収された新聞の発禁を訴え、言論・出版の自由を否定するような発言をした。ここにきて論調の変化が見られるものの、五月になっても、「人民の英雄的行動」がなければ腐敗に立ち向かえないと話す一方で、国内の敵に対して暴力には訴えないよう、民衆には平静を保つように訴えてもいる（一〇、一二日のジャコバン・クラブ演説）。その後、翌日から一〇日ほど（一三〜二四日）、体調を崩して議会を欠席した。病欠は初めてではなく、彼が心身ともに疲弊して休むことは珍しくなかった。

ロベスピエールの長期欠勤の間に、ブリソ派は最後の巻き返しを図る。同月一八日、国民公会を破壊する陰謀の証拠を発見することを目的にした委員会を設置したのだ。一二名の議員からなるその委員会のメンバーはすべてブリソ派で占められ、パリの騒擾を煽動しているという過激派《アンラジェ》を排除することを意図していた。すぐに調査を開始し、パリのコミューンの役員でサン＝キュロットの指導者であるエベールやヴァルレを含む活動家たちを逮捕、それに反対するデモ参加者の多くも——その中には女性も含まれる——収監された。

さらに二二日、ブリソが同コミューンの解散とジャコバン・クラブの閉鎖を訴える。また二五日、ブリソ派議長イスナールが、〈静かな多数派〉の支持が得られるという打算のもと、まもなくパリは軍隊によって制圧されるという見通しを示した。これはパリ民衆の怒りの火に油を注ぐ結果となった。

二六日、マラに同調するかたちでロベスピエールも人民に蜂起を訴えた（OMR IX：524-528）。ブリソ派によって法が犯された今、それは正当化されると言明したのである。「人民が立ち上がるとき、これらすべての人間（反革命派）は消え去る。（中略）あらゆる法が犯されたとき、専制が絶頂に達したとき、誠意や貞節が踏みにじられたとき、人民は蜂起しなければならない」。基本的に代議員が責任を持って「人民の政府」を樹立しなければならないが、人民の声が議員に聞かれないとき、「人民主権が侵された」とみなしうる。そのとき、蜂起は正当化されるのである。ロベスピエールにとって、蜂起権は人民の支配である民主主義にとって不可欠な権利だった。

二九日、パリ民衆はコミューンが蜂起するための委員会（司教館委員会）を設置し、一二人委員会の廃止を要求、蜂起の準備を進めた。そして三〇日夜、正式に蜂起を宣言、翌日蜂起を開始した（本書では「五・三一蜂起」と呼ぶ）。司教館委員会によって国民衛兵司令官に任命されたフランソワ・アンリオの指揮のもと、サン＝キュロットたちが国民公会を包囲する中、議会では一二人委員会の廃止が宣言された。それ以外の要求は認められなかったが、六月二日再度議会が包囲されると、議員たちは短い議論の末、二九人のブリソ派議員と二人の大臣の逮捕を決定したのだった。

これら一連の事件は、「革命」を維持するためなら法を超えたすべての手段が許されるという「教訓」を残した。このとき、陰謀や敵、仮面とともに「根絶」が政治のキーワードとなったのは偶然ではない。どんな手段を使おうと、〈やらなければやられる〉という発想がそこにはある。

その発想のもと、当初は国外の敵に用いられたこの言葉を議会に持ち込んだのはブリソ派だった。今から見れば、暗い時代の入り口にさしかかっていた。が、不思議と多くの人びとが〈前に進んでいる〉という実感を持てた時代でもあった。ユゴーは『九十三年』の中で次のように述べる。

芸術家も、雄弁家も、予言者的な政治家も、（中略）「進歩」というただひとつの目標をめざして前進しようとしていたのだ。彼らは何ものに出合っても挫折しなかった。国民公会の偉大さは、世に不可能事と呼ばれるものの中に実現可能なものを求めようとした点にあるのだ。（辻昶訳）

アンリオの指揮した蜂起（1793年5月31日〜6月2日）

それでも、「進歩」の名の下に進む国民公会、そして革命それ自体には両面性があった。一方にはジロンド派のコンドルセのような「明哲な夢想家」が、他方にはモンターニュ派のロベスピエールのような「実行家」がいたと、ユゴーは説明する。「ところで、老朽したひとつの社会が断末魔の危機にある際には、実行は往々にして皆殺しを意味するのだ。どの革命にも上り坂と下り坂との二つの斜面がある」。実行家ないし活動家が夢想家ないし理論家を追放し、一方が他方を根絶やしにしようとする時代、恐怖時代はまだ始まったばかりである。

第一二章 「生存権」の優位

ブリソ派の追放と「引退」宣言

一七九三年六月六日、国民公会では「五・三一蜂起」の報告がなされたあと、一三日にはパリ・セクションが共和国を救ったと宣言された（ジョルジュ・クートンによる動議）。こうして山岳派が勝利し、自宅軟禁となったブリソ派議員たちは地元に脱出した。事実上追放されたのである。

そうした中、事件収束から一〇日後の六月一二日、ロベスピエールが突如、ジャコバン・クラブの会合で「引退」を宣言した。彼は言う。われわれが団結し、原理について一致すれば、愛国者は各自が自信を持ち、今はない気力を持てるだろう。しかし私にはそれが不足していることを告白する。特権階級の陰謀と戦うのに必要な気力がもはやない。四年間に及ぶつらいむなしい仕事に疲れ果て、精神的にも肉体的にも己の能力は偉大な革命が必要とする次元になく、職を辞するつもりであると宣言したのである。

そのとき、「やめないでくれ、やめないでくれ」と慰留する声が場内に飛び交った。

これまでの経緯を考えても、彼が疲弊していたのは確かだが、なぜ急に「引退」宣言をしたのか。しかも、ブリソ派の追放は革命のひとつの区切りではあったとしても、その宣言の数日後に彼がすぐに気を取り直した様子で現れたことに多くの伝記作家は首をかしげる。ただ、精神的にも肉体的にも己の能力の限界を吐露し、「引退」宣言までした背景には、何か心境の変化、あるいは心の動揺があったと考えるのが普通ではないか。それを読み解くうえで、このときに書かれたとされるノートの断片は注目に値する。

そこには「単一の意思が必要だ」と書かれ、そのためにはブルジョアを打倒する必要があると強調されている[1]。そして、「国内の敵はブルジョアに由来する。ブルジョアに勝利するためには、人民を結集しなければならない」、と続く。「四年間に及ぶつらいむなしい仕事」を顧みて人民の結束(一致)のためにブルジョアを「敵」と見定めたことは案外重要に思われる。というのも、ブリソ派はもとよりモンターニュ主流派もブルジョアで、その階級的支持を得ていたことを考えると、ノート上で表白されたロベスピエールの思想はその枠から踏み出ることになるからだ。つまり、彼が政治(党派)的対立を超えた社会経済(階級)的対立に踏み込むことは避けられず、それがもたらす軋轢が「宣言」の背景にあったと推察されるのである。

確かに、アラスへの帰郷(第八章)でも再確認したように、彼は法律家として「抑圧された人びと」と言われる貧しい民衆の弁護を引き受け、彼らのために政治家となったはずである。ただ、ロベスピエールが一貫して自身の行動原理としてきたのは人権宣言である。この点でのブレない姿勢が、ミラボーやダントンのような立派な体軀の指導者とは違い、痩せ型で背が低く声も小さい革命家に対する広範な人気の秘訣だった。彼が「私は人民の一員である」と言うとき、理念化された〈人民=民衆〉は、多くの場合、階級的対立を超えて有権者を包含する概念だった。言い換えれば、ロベスピエールのなかで議会の政治的対立は具体的な社会経済的対立を前提とせず、少なくともそれを表現する政治（権利）の用語を彼はこれまで知らなかったのである。

しかし、ブルジョアを「敵」に認定したときには、すでに彼はその用語を持っていた。それは「引退」宣言のふた月ほど前に公表された「**人間と市民の権利の宣言**」（**人権宣言**）**私案**の中に現れていた。

「人権宣言」私案は四月二一日にジャコバン・クラブで公表され（議員と新聞編集者を兼任することが禁じられたために最終号となった『有権者への手紙』に草案を掲載）、二四日国民公会で発表された。その中で、「抑圧された人びと」の生活の《権利》が提示されている（OMR IX：464-465）。

第二条　人間の主たる権利は、自己の生存の維持に備える権利と、自由である。

第三条　これらの権利は、肉体的・精神的な能力の相違に関わりなく、すべての人間に平等に属するものである。権利の平等は自然に定められたものであって、社会はそれを侵害するのではなく、その平等を幻想にする力の濫用に対して、もっぱらそれを保障するものである。

ここに憲法史上初めて、「自己の生存の維持に備える権利」という意味での「生存権」が宣言されたということができる。それは「すべての人間に平等に属する」権利だと明言された。なるほど、当時の議論のなかでも生存を《権利》と規定する彼の議論は突出していたが、中身は比較的抽象度が高く、パフォーマンスという意味合いが濃厚だったとする見解もある。[2] ただ、これまでロベスピエールの思想形成に寄り添ってきた、そしてこれからも寄り添う私たちにとっては、それを単なる政治的パフォーマンスとして切り捨てることはできない。この点で、彼が《権利》を唱える一方で、所有の制限に踏み込んでいることに注意するべきだろう。

同宣言第六条で所有権を規定したのに続き、第七条では「所有権は、他のすべての権利と同様、他人の権利を尊重する義務によって制限される」とある。さらに、「生存権」の内容が具体的に記されている。

第一〇条　社会は、労働を確保することにより、また労働しえない人びとには生存する手段を保障することにより、全構成員に対して、生活の必要を満たす義務を負う。

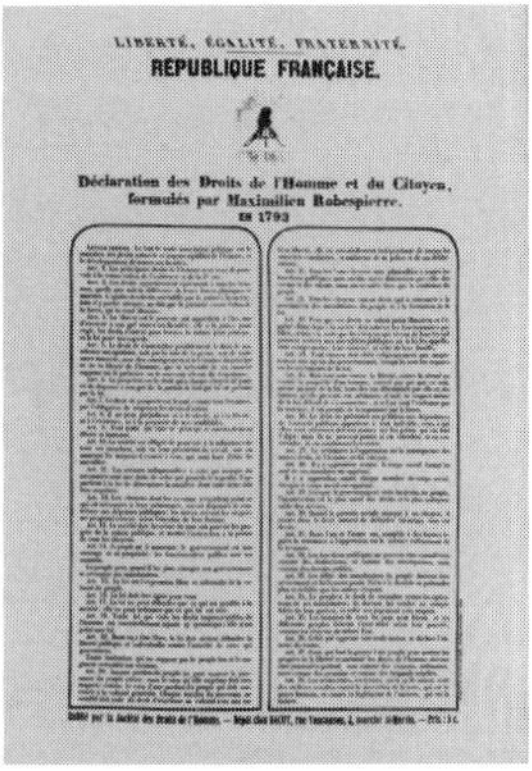

ロベスピエールの人権宣言（案）

続いて、第一一条では、「生活必需品が不足している人に不可欠となる扶助は、余剰を有する人びとの義務である」と規定されている。ここで、無産者と有産者の存在を対置したうえで、後者が前者を扶養する義務を負うべきだと明言されているのである（実際は階級を単純に二分できるわけではないが）。この点では、ブルジョアを「敵」と見定めたのと同じ頃の別のノートで、ロベスピエールがこれから取り組むべき優先事項のひとつとして

「生活必需品と人民法」と書いていた事実も見逃せない(3)。

とはいえ、私案では両者の対立を強調するよりも、その義務を履行することで両者が共生する可能性を示しているようにも見える。実際、「財の極端な不均衡が数多くの悪弊と犯罪の源泉であるが、それに劣らず財の平等は空想であると確信している」と同議会演説（四月二四日）で打ち明けている。続いて、次のようにさえ語る。「私にとって、それ〔財の平等〕は公共の幸福以上に私的な幸福にとってずっと必要ではないと信じる。富裕を禁止するよりも、清貧を名誉にするほうがもっと重要だ」（OMR IX : 459）。

ロベスピエールは一貫して私的所有権を擁護し、「財の平等」には否定的だった。彼が強調するのはあくまで「権利の平等」であって、その思想にコミュニズム（共産主義）の原型を認めることはできない。リュクルゴス、およびプルタルコスの描くスパルタには魅了されても、そこでの土地の共有や均分法の考えには反対を貫いたといえる。

このように所有権を前提としたロベスピエールの生存権論は、社会経済（階級）的対立を踏まえながらも、一方の階級に加担しないという意味で両義性を有していた。この両義性とそれに伴うであろう逡巡は何に由来するのか。これを検討する作業は、「引退」宣言の理由とともに、今後の革命政府におけるロベスピエールの思想と行動を理解するうえで避けて通ることはできない。そこで彼の生存権論に決定的な影響を与えたとされるのが、「エタンプ一揆」である。

「飢えない権利」

生存権論の表明は実は前年末（一二月二日）、民衆の暴力の原因に関する議会演説にさかのぼる。よく知られた同演説でロベスピエールは、生活必需品を超えた余剰分については商業の自由に委ねられるというのが常識的な考え方だが、人は自分や子どもにパンを買うほどには豊かでなければならないと述べる。飢えて死ぬ同胞市民がいる中、パンを蓄える権利は誰にもないのである(OMR IX : 112)。

社会の第一の目的は何か？　それは人間の侵すべからざる権利を保障することである。これらの権利で第一位のものは何か？　それは生存する権利である。

このように「生存する権利」が諸権利の中でも第一位のものとされ、その優位がすでに表明されていた。確かに、八九年の人権宣言にもある所有権は認められるべきで、商業・流通の自由はむしろ「人民の血」である生活必需品を行き渡らせるために必要だ。しかし、それらが「生存権」に反するならば、それは「同胞市民から強奪し、彼らを殺す権利」となってしまうと弁士は訴える。

議員諸君、思い出してほしい。あなた方はある特権階級の代表ではなく、フランス人民の代表である。秩序の源泉は正義であることを忘れないで頂きたい。公共の静穏のもっとも確実な保障は市民の幸福であり、諸国を引き裂く長い動乱はもっぱら原理に対する偏見、一般的利益に対する利己主義の戦いであり、弱者の権利やニーズに対する有力者の虚栄心や情念の戦いなのだ。

ここでは、「富裕なエゴイストたち」が標的にされ、彼らがかつて敵だった貴族や王侯たちと重なりながら、それに――特にこの直後の国王処刑後は明確に――取って代わる様子が窺える。「生存権」の優位という思想が生まれた背景には、こうした社会経済（階級）的対立があった。

ロベスピエールがこの種の対立を革命当初から認識していたわけではない。彼にとってその対立の認識の原点になったのが、九二年エタンプ市で発生した騒擾事件だった。かつてそう指摘した革命史家の遅塚忠躬氏は、事件を起こした民衆を弁護する請願を書いた村の司祭ピエール・ドリヴィエの思想を丹念に調査し、革命家へのその影響を指摘した[4]。

「エタンプ一揆」は九二年三月三日、パリの南方約四五キロに位置するエタンプ市で、周辺農村の蜂起者五〇〇〜六〇〇〇人に同市民が合流して起こした事件である。それは民衆が実力に訴えて商人の投機や独占に対して穀物価格の統制を要求するという、当時頻発した騒擾事件のひとつだが、鎮圧にあたった市長シモノーがその渦中で殺害されたため、議会に大きな衝撃を与えた。

ここで注目したいのは、事件そのものではなく、その直後に九人の村民とともに連名で議会に請願を提出し（三月九日受理）、民衆を弁護しながら「取引の自由」を批判、穀物価格の統制を要求したドリヴィエの思想である。議会が国民衛兵を派遣し強硬な措置を講じる中、ドリヴィエは新たに長文の請願を起草し議会へ提出するが（五月一日）、その前にジャコバン・クラブに伝達に行き、演壇に立った（四月二七日）。その場にはロベスピエールもいたとされる。事件の四日後には、「人民の運動はすべて正しく、人民の過失はもっぱら政府の犯罪である（拍手喝采）」と議会で語ったロベスピエールには、同事件とともにドリヴィエの演説および請願が深い印象を残したのだろう。自身の新聞『憲法の擁護者』第四号（六月七日）に、そのほぼ全文を掲載している。

ドリヴィエの長文の請願で特筆すべきは、法の遵守は当然としながらも人民の抵抗を正当化し、その理由として「飢えない権利」を挙げていることである。「生存権」という言葉こそ使わないが、労働者への社会の福祉を《権利》として定式化した。それに反する現状を、抵抗が正当化されるべき——今回の事件の殺人とは区別される——「政治の不正」だと司祭は糾弾したのだ。

その際、みずからの死を招いた市長シモノーへの批判に多くの文章が費やされる。「エタンプ市長は、結局のところ、穀物商人たちにとっての英雄だったのだ」と述べ、自身も穀物取引に関与したシモノーは商人階級の利害の代弁者だったと断じる。つまり、シモノーは大ブルジョアの典型的な人物で、その代弁者として描かれる一方、その犠牲者である労働者が対置されて描かれ、この事件の背景には社会経済（階級）的対立があったことが示唆されるのである。

ジャック・ギヨーム・シモノー

ロベスピエールはその請願を再録した号で、「シモノーはまったく英雄ではなく、その地方では公共の生活必需品に対する強欲な投機家であると一般に見なされていたのであり（中略）彼は犠牲者である前に罪人だった」と書いている（OMR IX : 125）。この一文には、エタンプ一揆とその背景にある利害対立の認識において、ロベスピエールがドリヴィエから受けた明確な影響を認めることができよう。遅塚氏の言葉を借りれば、「シモノーの階級的立場に関するドリヴィエの見解は、政治的対立の背後に経済的・階級的利害の対立があることを、ロベスピエールに初めて明確に意識させることになったのである[5]」。

それでも、ドリヴィエの影響を過大に評価すべきではないかもしれない。ドリヴィエは請願で「飢えない権利」を人間に自然な権利として唱える一方で、それを保障する手段として私的所有（権）の制限を主張した。だが、ロベスピエールは「人権宣言」私案で所有権を擁護し、同案を公表した演説では「財の平等は空想である」と語っていた。また、たとえば相続（法）における不平等に関する前年の討論（九一年四月五日）でも、「財の不平等を増大させる傾向のある制度はすべて有害で社会の幸福に反している」としながらも、「完全な平等」は不可能で、「極端な不平等があらゆる悪の源泉である」と主張、そのうえで「生存権」につながる議論を展開していたのである。

ある階級が何百万の人びとの栄養を奪うような国に美徳や名誉があるだろうか。大きな富は、それを持つと同時に羨む人びとを堕落させる過剰な贅沢と快楽を生む。そのとき、美徳は軽んじられ富だけが名誉になる。（中略）〔そうして〕人は権利の観念を失い、己の尊厳の感情を失った（OMR IX : 181）。

このようにロベスピエールは、財の不平等それ自体ではなく「極端な不平等」を批判すると同時に、富が唯一の名誉となり、すべての人間がそれを羨むような**美徳なき社会**を問題にしていた。この点では、ドリヴィエではなく『人間不平等起源論』の著者との類似をやはり指摘しなければならない。同著でルソーは、不平等それ自体ではなく現行社会の「過度な不平等」を批判し、それに対して単なる生存を超えた「自己保存」を自然権（＝生存権）として提示したのである。

要するに、エタンプ一揆とドリヴィエの請願を通じてロベスピエールは政治的対立の背後にある社会経済的対立を深く認識することになり、「生存権」を唱えるようになったとしても、それ以上に富の不平等の是正は求めなかった。このことは、「抑圧された人びと」（農村の貧農や都市の民衆）への関心だけに偏重しない彼の思想と行動を端的にあらわしている。

九三年五月一〇日国民公会で新憲法について審議され前文と第一条が採択された際も、その直前のジャコバン・クラブでこう訴えた。「人類愛に導かれたサン＝キュロットが規範として従ったのは、社会秩序の真の原理であり、彼らは財の平等を主張したことは一度もなく、権利と幸福の平等を主張したのだ」（八日）（OMR IX : 488）。これは、サン＝キュロットすなわち民衆の政治的主張がブルジョアジーの経済的利害を損なうものではないとして、後者に配慮を示した発言だと理解できる。ただ、こうも付け加えた。「人民の擁護者の一部は腐敗していた。私も魂を富裕と取り代えることがありえただろう。しかし、富裕を罪の代償であるばかりか、罪の罰とみなす。不幸でないために貧しくありたい（拍手喝采）」。

1793年憲法（革命暦第１年憲法）

ロベスピエールは、一方の階級だけを見ていたわけではなかった。社会の第一の目的は「生存する権利」であると高らかに宣言した先の演説でも、冒頭で「私が弁護しようとしているのは貧しい市民の大義だけでなく、所有者や商人自身の大義でもある」と宣言していたことは見逃せない。「それら〔独占のような濫用を抑止する手段〕が商業の利益や所有の権利を侵害するものではないと私は主張する」とさえ述べている。

結局、ロベスピエールは社会経済的対立を深く認識する一方で、その対立を調停する可能性を模索していたのではないか。ところが、「五・三一蜂起」は一方の階級の主な代表と目されたブリソ派を追放する結果に終わり、もう一方の階級の勢いがますます増してゆく。その中で行われたのがあの「引退」宣言だった。そのときロベスピエールの胸中は揺れていた。

新憲法と「蜂起」の理由

九三年夏、ブリソ派追放後のフランス国内もかつてなく揺れていた。逮捕を免れた同派議員たちが、地元に戻って抵抗運動を組織していたのである。地方にはパリ民衆の過度な影響力とその声を聞き入れることで力を増すモンターニュ派への不満が蓄積され、各地で蜂起が続発した。

そういった中、新憲法の制定が急がれたのである。なぜなら、ブリソ派追放すなわちパリの民衆の「蜂起」が正当化される必要があったからだ。逆に言えば、パリの支配が正統であるかは自明ではなく、中央への抵抗を反乱や反逆とするのはあくまで革命指導者（モンターニュ派）の史観であることには注意が必要である。

六月二四日、ついに国民公会で新憲法（いわゆる一七九三年憲法）が採択された。同憲法は、フランス最初の国民投票によって圧倒的な支持で可決された。投票者数一八〇万というから投票率は三割ほどだったと考えられるが、前回の選挙と比べれば高い。

先頭に置かれた人権宣言（第三五条）では、〈圧政に対する蜂起の権利〉が規定された。ロベスピエールの私案第二九条はそれと同じ内容を持つが、彼が私案において階級的対立に根ざした蜂起、すなわち経済的理由による蜂起を念頭に置いていたかは疑わしい。この点は、以上のドリヴィエとの対比を踏まえると無視できない論点である。

そもそも、ドリヴィエの請願が掲載された『憲法の擁護者』の次号で人民の抵抗を正当化する理由を示した論説でも、経済というよりもルソーを思わせる法や政治の言語で議論が展開されていた。いわく、「国民の意思」に反する法を維持しようとする者は誰であれ「法」に反する者である（OMR IX : 144）。「彼は立法権力が存する主権者に反抗しているのだ。この場合、法自体が法であることをやめる」。「そのとき、法は一般意思の表現であるというのはフィクションでしかない。私は最大多数の意思、そうと考えられる意思に従うが、正義と真理だけを尊重する」。

そして、「構成された権力」を行使する人間と主権者を区別し、前者が一般意思に反する圧政を断行すれば後者である人民による抵抗が正当化されるという。ここで、人民の抵抗ないし蜂起の理由は「経済的」というより法的ないし「政治的」である。

エタンプ一揆の一年後、パリをはじめ多くの地域で食糧騒擾が頻発する中で行われた演説も、同様の観点から理解できるだろう。二月二五日のジャコバン・クラブの演説でロベスピエールは、「人民の心の中には憤りという正当な感情がある」と述べ、人民に固有のニーズが満たされないことに騒擾の原因があり、人民はみずからそれを満たす「権利」を持つとしながら、次のような留保をつける。

> 人民が立ち上がるときは、それに値する目的を持つべきではないか？（中略）人民が立ち上がらなければならないのは、砂糖を収集するためではなく、悪党を打倒するためである（拍手喝采）（OMR IX：274-275）。

「経済的」理由による民衆の蜂起への消極的な評価がある一方、蜂起あるいは革命はそれより価値のある「政治的」目的を持つべきだという理念がここで明確に表明されている。

また、一七九三年憲法（人権宣言）では、私的所有権が認められる一方で、第二一条に「公的扶助は神聖な義務である」と書かれたが、それはコンドルセが起草したジロンド派憲法草案にも見られる。結局、公的救済はモンターニュ派にとっても「恩恵」にすぎず、対象も「不幸な市民」に限定された点で、それは「権利」としての公的扶助を唱えたロベスピエールの私案とは対比される(6)。ただ、あえて反論もしなかった彼はここでも、諸階級の協調、少なくとも同派内の融和を優先したのかもしれない。

憲法採択の翌日、議会でブリソ派の粛清を主導した一人とされる過激派《アンラジェ》のジャック・ルーは同憲法を批判した。サン＝キュロットの一方のリーダーで「赤い司祭」の異名を持つルーは、同憲法が投機を規制していないと批判し、それによって金持ちが優遇を受ける「商人の貴族主義」を論駁したのである。

これに対してロベスピエールは厳しく非難した（二八日ジャコバン・クラブ）。彼は国民公会でも（二五日）、「敵」が議会内に内戦を持ち込もうとしているときに「分裂の情景」を見せるべきではないと語っていた。革命指導者は政治的統合を優先したのである。

「引退」宣言とその撤回の裏でロベスピエールは各階級に対して両義的な態度を示しながらも、両階級の統合を模索する覚悟を新たにしたのではないか。それは経済的というよりも政治的な平等（＝一致）を優先させた彼の生存権論を反映させたものだっただろう。そのかぎりでドリヴィエではなくやはりルソーの教えに忠実だった。

もっとも、現実には革命の流れが加速し、統合と排除が強権的なかたちで遂行され、ロベスピエールもその渦中に引き摺《ず》られてゆくことになる。四月、いよいよ公安委員会が新たに結成され、苦心の革命指導者もついにその一員に加えられることになるのである。

第一三章　革命政府の成立

マラ暗殺

一七九三年春から夏にかけて、首相ピット率いるイギリスがスペインやオランダなどとともに対仏同盟を結成し、フランスは全ヨーロッパとの全面戦争に突入した。春にはベルギー戦線でのオーストリア軍に対する敗北とデュムリエ将軍の裏切りがあり、その後ますます戦況は悪化、七月にはいると北東部の国境のいたるところで敵軍に押し返された。

そこで、公安委員会の委員が改選された（七月一〇日）。もともと同委員会は、戦況悪化を受けて設置された緊急執行機関（防衛委員会）に代わって九三年四月に創設されたものだった。毎日二回、チュイルリ宮殿の一室で開かれ、委員の仕事は朝全国から届く配達物に目を通して返事を書くことから始まり、日中は議会に出席したあと、各委員は午後七時に委員会に戻る。その仕事は激務だった。

公安委員会は、政府（臨時行政評議会）の活動を監視する一方で、七月に逮捕状の発行が可能となり、九月には将軍（軍隊）と公務員の監督権を握るなど、その執行権力は九三年夏以降絶大なものになってゆく――。公安委員会の管轄下にないのは保安委員会（九二年一〇月二日創設）が担った治安警察業務くらいのものだったが、同委員会のメンバーも公安委員会の提案にもとづいて国民公会で任命されることになる（九三年九月一三日）。

さて、四月に創設されて以降、公安委員会は原則として毎月改選とされる一方で、実際には九人の委員全員が留任されてきた（五月末に憲法起草に携わる五人の議員を追加）。だが今回、改選されることになったのだ。国民公会は一四名のうち九名を再選したが、もっとも大きな変化は、同委員会を事実上指揮してきたダントンが落選したことである。彼はオーストリアやプロイセンなどとの和平を試みたが、失敗に終わっていた。そのダントンを外すことで、フランスは和平ではなく、戦争継続の道を選んだということができる[1]。

そうした中、委員会に凶報がもたらされた。七月一三日、マラが暗殺されたのである。疱疹状皮膚炎を患っていたマラは治療のため日中も浴槽で過ごすことが多くなっていたが、この日も朝から自宅の浴室で仕事をしていた。そこにフランス北西部の都市カーン（ノルマンディー地方）から面会に訪れたとされる女性にナイフで胸を突き刺され、ほぼ即死の状態だった。

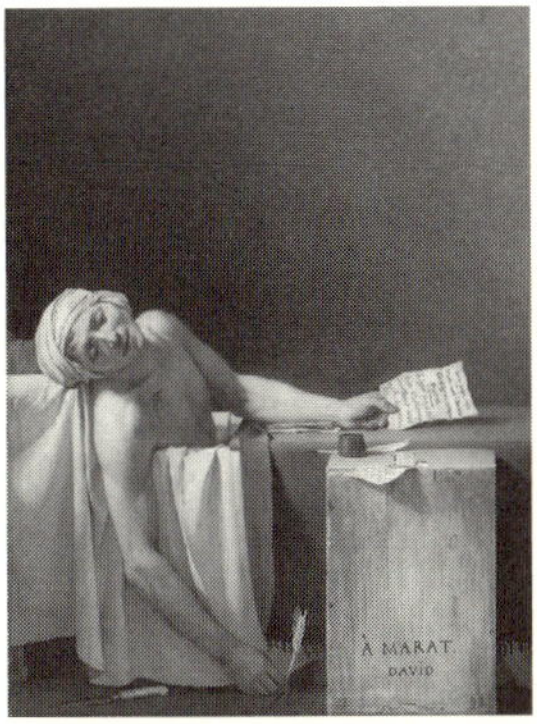

「マラの死」（ダヴィド画、1793年）

このシャルロット・コルデという二四歳の女性は、国民公会から追放されて田舎に逃げてきたブリソ派指導者の話を聞き、モンターニュ派主導で「革命」が誤った方向に進んでいると思い込み、義憤を感じて犯行に及んだという。逆に言えば、「人民の友」――彼の新聞名からそう呼ばれた――マラは、それほどモンターニュ派を代表する指導者だと認知されていた。

新委員のジョルジュ・クートンは、ブリソ派の陰謀を説き、彼らの革命裁判所への召喚を主張した。過激派のジャック・ルーは早くも三日後、新聞『人民の友マラの霊に庇護されたフランス共和国の文筆家』という、『人民の友』の後継紙を発刊した。また、同派のエベールはジャコバン・クラブで、「第二のマラ」が必要なら俺が犠牲になろうと、檄を飛ばした（七月二〇日）。このようにマラの暗殺がもたらしたのは、「人民の友」の後継者争いとともに、国内外の反革命派に対するいっそう激しい態度だった。

ロベスピエールが「極端で怒りっぽい」と評し、その政策を「暴力的な諸提案」と言ったこともあるマラは、同じく民衆に人気があった「清廉の人」より確かに過激だった。革命初期（八九年一〇月）には早くも人民の蜂起を正当化する理論を提唱、翌年七月に刊行した冊子では一時的な「独裁」も肯定した。(2) マラが初めて議員に当選した国民公会では、九二年の「九月虐殺」の責任を問われ、翌年ブリソ派によって逮捕されたが無罪となり、民衆の歓呼の中を議会に凱旋したエピソードはすでに見た通りである。

マラは、国民公会やモンターニュ派と、過激派を含む民衆との接点だったといえる。国内外で反革命派や敵軍との対立が激化する中、マラを失った共和国はその空隙を埋め、事態を打開してくれる人物を求めた。対仏同盟の影響で物価が高騰し続ける一方、終わらないヴァンデ戦争の影響によってパリへの食糧供給が途絶え、食糧騒擾が七月に再び勃発していた。

パリ近郊の村の代表団が国民公会を訪れ、生活必需品の価格公定を要求したのに対し、議会は買い占め人を処罰する法令の作成に向けた「六人委員会」を設置、買い占めは大罪であると宣言し、「食物買い占め弾圧令」を可決した（七月二七日）。この重大な決定に関与できなかった公安委員会は、陰謀家＝反革命派の殲滅を掲げることで、その権威の増強を企図した。そこで白羽の矢が立ったのが、マクシミリアン・ロベスピエールだった。

七月二七日、ロベスピエールは辞任した委員に代わり公安委員会に加入した。それはつまり、彼が政府側の職に初めて就くことを意味した。革命史家のマチエをして、「ひとつの新時代」を開いたと言わしめた出来事である。(3) もっとも、マチエの言うように、ロベスピエールが「サン＝キュロット層の確固たる指導者」としてその地位に就いたというほど話は単純ではなかった。

革命政府の宣言

ロベスピエールは、公安委員会の委員に任命された日から五日後、県単位での穀物とパンに関する最高価格法（五月四日）の改正を国民公会で提案し、そのひとつが八月九日、公共の穀庫を設立する法令として採択された。さらに九月にはいると、国民公会はサン＝キュロットからの要求を受け入れるかたちで、反革命容疑者を勾留する法律を制定するとともに（一七日）、穀物の公定価格を全国一律に改定した最高価格法（一一日）を三九品目に拡大した一般最高価格法を制定するに至った（二九日）。要するに、最高価格法とは山岳派が貧民の生活安定のために必需品・食糧が投機等によって不当に高騰しないよう最高額を設けた法である。

もっとも、これら一連の措置はパリ民衆に対する一方的な譲歩ではなかった。このとき同時に、上からの統制が進んでいたのである。八月一四日には軍事専門家二名が公安委員会に新たに加わり、同委員会が軍の動員や戦略を決定する戦時体制が整えられてゆく。そして同月二三日、ついに国民公会は一八歳から二五歳までの独身男性すべてを徴兵できる国家総動員令を発出した。

さらに、国民公会はパリ・セクションの会合を週二回に制限する法令を可決（九月五日）。これを人民主権に対する侵害だと抗議した過激派のヴァルレとルクレールは逮捕・投獄された。ロベスピエールは国民公会で、同令によって人民主権を行使する機会が制限されることを認めながらも、むしろ職人たちが週二回の会合に参加できるよう家族を養うために十分な手当を保障することを要求した（九月一七日）。手当によって民衆が堕落すると言う者がいれば、それは貴族でしかない、「人民は善良で寛大であり、彼らの美徳がわれわれ〔議員〕の構想を助ける」と言ったのである。ここでも、社会経済（階級）的対立、あるいはそれに根ざした人民（民衆）に対するロベスピエールの思想と行動は両義的だった。

この点で——少し時計の針が戻るが——、同年六月の憲法審議における「第一次集会〔選挙区の集会〕」に関する彼の発言は示唆的である。一七九三年憲法では、各市民は六ヶ月以上居住するカントン（小群）の「第一次集会」に組織され（第一一条）、選挙権を行使するとされた。ロベスピエールも、国民公会（五月一〇日）で公表した憲法私案でその点を認め（第七条）、人民の権利への侵害があった場合には「第一次集会」が会合を開いて意見を公表することも想定していた（第一九条）。しかし、本会議の審議では「第一次集会」の会合に関する憲法案（第一二条）に彼は懸念を表明した（六月一四日）。それは同集会が過半数の賛成で臨時に召集されるという条項だったが、結果的に人民が法律を発議したり拒否する権利を保障しうるものでもあった。

ロベスピエールは、同条項が曖昧であるがゆえに、あらゆることが議題となりえ、どんな政府も破壊されるおそれがあり、「民主主義の過剰ゆえに国民主権を転覆しうる」と述べたのである。「ご覧の通り、そこで直接民主政が樹立されることになるが、それは全体の幸福のために法によって抑制されたデモクラシーではない」（OMR IX：557）。こうして彼は改めて「代表の原理」を擁護したのである。翌日の議員の免責特権に対する擁護も、同様の観点からなされたものだった。

他方、「行政官は代表の性格をいっさい有さない」という憲法案について、「人民の受任者の真の性格は彼らの役割の性質によって決まるから」まったく無駄な条文だと彼は述べ、次のように続けた。

代表者という言葉はいかなる人民の受任者にも適用されえない。なぜなら意思は代表されえないからだ。立法府のメンバーは人民が第一の権力を与えた受任者である。だが、真の意味において彼らは人民を代表しているということはできない。立法者は法律や命令を策定するが、法が法としての性格を持つのは人民がそれを正式に承認したときだけである。それまで法は法案でしかなかったが、このときから法は人民の意思の表現となる。

ここには、『社会契約論』の著者ルソーと同様の代議制批判が読み取れるように見える。

ロベスピエールは矛盾しているだろうか。彼の中ではおそらくこの人民主権論と「代表の原理」とは矛盾しない。いや、矛盾しないようにするのが《民主主義》である。つまり、代表者と彼らの立法権を認め、そのかぎりでは人民が直接政治を行うわけではないが、議会政治が人民の意思（＝「一般意思」）から逸れた場合、人民にはその意思を直接表明する権利が留保されている。その意味で、議員と人民の**透明な関係性**が維持されなければならないと考えられたのである。

前年八月の「美しい革命」や直近の「五・三一蜂起」のときのように、人民の直接行動――それはつねに蜂起とは限らない――を支持したのも、ロベスピエールの思想からすれば理解できる。しかし、それが正当化されるのはどのような場合か、人民の意思とは何かを特定するのは当然難しい。たとえば、前年であればそれはパリのコミューンの意見のうちに表出されると言えたかもしれないが、いまや過激派が深く浸透するその集会の意見を「一般意思」と同一視することはできない。こうして現実には、人民主権と「代表の原理」の矛盾、《民主主義》の難問がすでに顕在化していたのである。

両論理のバランスが徐々に崩れ、そのジレンマが大きくなり始めるのは、彼が公安委員会の一員になった、つまりは政府の側についた頃からである。そのとき、国内外で敵に包囲されつつある「状況」という要素が介在すると、問題がより複雑になる。たとえば、それは八月一一日のジャコバン・クラブでの演説に表れている。この日の国民公会では同委員会の委員が欠席する中、議会を解散し新しい国会を召集するというある議員の提案が可決された。これに対して、ロベスピエールは夜の会合で激しい反論を展開したのである。

現立法府を永続させる理由はいっさいない。私のことを知っている人は誰でも、私が普通の市民階級に戻りたいということや、五年に及ぶ行政の重荷が一人の人間にとって重すぎることはご存じである。しかし、あなた方になされた狡猾な提案は、現在の国民公会の純化された議員をピットやコーブルク〔オーストリア軍司令官〕の派遣員に取って代えようとするものに他ならない（OMR X：64）。

実際、ロベスピエールは議員が腐敗しないため、同一の議員が議会に長くとどまる再選を禁止する法案を提出したことがある（第七章）。だが、今の「状況」では議会そして政権を代えるわけにはいかない。これは暗に、憲法の施行延期と、現体制による臨時政府の樹立を支持するものだと考えられた。この後、その議員の案は取り消された。

サン＝ジュスト

また、九月五日サン＝キュロットが国民公会に再び押し寄せ、圧力をかけたが――これが上述の食糧政策につながった面はある――、公安委員会は過激派のジャック・ルーを同日に逮捕、引き締めを図った。

こうして、議会と委員会がなかば一体となって、上からの統制を強める中、後者が前者に対する影響力を強めてゆく。そこで出されたのが、「**革命政府の宣言**」（一〇月一〇日）である。その表明者は、公安委員会の委員の一人でロベスピエールの盟友である、サン＝ジュストだった。彼によれば、多くの法律や対策がなされてきたにもかかわらず、政府の悪弊や食糧問題が解決していないのは、人民と革命の「敵」を打ち倒すに至っていないからだという。「すなわち法律は革命的だが、法を執行する者は革命的となっていないのである」。「政府自体が革命的に構成されなければ、革命的な法律を執行することは不可能である」（阪上孝訳）。

こう言ってサン＝ジュストは、現政府の悪弊と無能を批判する一方で、「革命的」臨時政府を設置し、これを公安委員会の監視下に置くことを提案した。それはかつて田舎から手紙を出し、天命のように知ったとされる憧れの人の一歩前に彼が進み出た瞬間でもあったかもしれない。

「悲しみの王妃」

革命政府が樹立される前後、九三年の最後の三ヶ月で、革命裁判所が死刑を宣告した数は大きく増加する。それは革命政府による統制という以上に、その統制が強まる中で深まる民衆の不満、怨恨を発散させるための「見せもの」という側面が強かったといえる。

よく知られているように、その象徴となったのが王妃、マリ＝アントワネットの処刑である。この革命の負の側面は、しばしばその犠牲となった王家の人びとの心象風景から描き出されてきた。彼女の伝記を書いたオーストリア出身の作家シュテファン・ツヴァイクは、「死の控室」コンシェルジェリ監獄で最後の裁きを待つ王妃の様子を次のように描写している。「かつては――あれからもう千年もたったような気が彼女にはする――この国の王妃であり、フランス中で一番陽気だったこの女性は、いまは心のなかまで凍りついたようになって、いよいよ疲れをまし、あたりの静寂はいよいよ冷たく、時はいよいよ空虚になってゆく。死の裁きに呼び出されても、彼女はもはや驚かないであろう。この監房の日夜を通じて、彼女は生けるしかばねの生活をいやというほど味わっていたのだから」。そして、こう続ける。

パリの真只中にあるこの墓場へは、この秋世界を吹きまくった巨大な嵐の音ひとつきこえて来ない。この時ほど、「フランス革命」が危殆に瀕したことはなかった(4)。

あのマルゼルブは、ルイ一六世の処刑後、周囲から亡命を勧められたが、国内にとどまる選択をした。その理由は、なにより王妃が獄中にいるかぎり祖国を離れるわけにはゆかないというものだった。国外にいる王弟にそう伝えた日の二日後、彼は孫娘ルイーズの結婚を祝った。その相手はノルマンディー地方出身の貴族、エルヴェ・ド・トクヴィル、未来の『アメリカのデモクラシー』の著者の父だった。その後、この若き夫妻も投獄されることになるだろう。

残念ながら、マルゼルブの最後の「使命」はついぞ果たされることはなかった。まともな裁判が行われることもなく、一〇月一六日、マリ＝アントワネットは断頭台で処刑されたのである。同月三一日、二一名のブリソ派議員がこれに続いた。女性権利活動家の草分け、オランプ・ド・グージュは一一月三日、ブリソ政権で内相を務めたジャン＝マリ・ロランの夫人にして自身も同派の活動家だったマノン・ロランは同月八日、ギロチンで露と消えた。この報を受けた夫ジャン

＝マリは、逃亡先のルーアン郊外の田園地帯で自決した。「悲しみの王妃」の姿に同情を寄せるかどうかは、その観察者の置かれた立場にもよるだろうが、そこからツヴァイクが引き出した革命観は傾聴に値する。

革命という概念は、その色彩をつねにこれをになう人間および時の事情から受け取るものであるから、この概念は微妙な色あいをもって、千変万化する。「フランス革命」においては——他のすべての革命におけるとひとしく——明らかに二つの型《タイプ》の革命党員が際立った対照を見せている。理想のゆえに革命を奉じた者と、怨恨から革命に走った者とである。(5)

彼によれば、後者の「もっとも典型的、かつもっともいとうべき人物」がエベールだった。フランス革命、あるいは「他のすべての革命」がこのような二分法で語れるほど単純ではない。ただ、エベールが革命の一方の性向を代表していたとすれば、彼はその点では、みずから僭称したようにマラの「後継者」だったといえるだろう。歴史家モナ・オズーフは、『フランス革命事典』（一九九二年）の中で、「人民の友」マラに対する社会心理学的説明を紹介している。

彼の動機の「客観的」な測定ほど欲求不満の感情と無縁なものはない。怨念が正当化されないことはけっしてないのだ。革命は逆に、怨恨をもつすべての者にたいして未曾有の約束をする。(6)

スイス生まれの「祖国のない市民、免許をもたない医者」、つまりはエスタブリッシュメントから疎外されたマラは、革命が勃発すると新聞メディアを活用して革命指導者の地位にまで昇り詰めた。そのエネルギーは怨恨であり、人民にもその発散、侮辱への復讐を説いた。だが政治家となり、モンターニュ派を代表する指導者として「体制」側の人間となったとき、マラは暗殺された。

マラの死は、国民公会議員の誰もが暗殺のターゲットになりうるという恐怖を呼び起こし、そのために政治がさらに暴力化してゆく機縁となる。と同時に、革命が一方の型とされる怨恨の渦に呑み込まれてしまうのかどうか、その分岐点ともなる事件だった。

マリ＝アントワネットの処刑

では、公安委員会、その有力な委員となったロベスピエールは、革命の理想を失い、一方の趨勢に呑み込まれてしまうのか。いや、むしろ怨恨を煽動する役回りを担うことになるのだろうか。刑死を控えたかつての王妃を描写しながら、ツヴァイクは次のようにも書き残している。

いまや共和政を救いうる道はただひとつ、絶望的な大胆さ、自殺的な挑戦あるのみである。共和国は、みずから恐怖を吹きこむことによってのみ、

恐怖を克服することができる。(7)

ツヴァイクが、「革命に身を捧げたもっとも高貴な、もっとも精神的な人たち」と呼んだうちの一人であるロベスピエールは、これから《美徳》によって革命を導く「恐怖」の必要を説く、有名な演説に臨む。マラよりも〈**マラ的なもの**〉によって駆動し始めた革命。その渦中で《民主主義》、代表者と人民の一致はいかに維持されるのか。

第Ⅳ部　恐怖政治の時代

第一四章　恐怖政治の由来

〈恐怖を日常に〉

一七九三年一〇月、国民公会が「革命政府」を宣言し、マリ＝アントワネットやブリソ派指導者を処刑した背景には、国内外の混乱と鬱積する民衆の不満があった。同宣言がなされ、恐怖政治《テルール》あるいは公安委員会の「独裁」が開始される背景を、ここで振り返っておこう。

「五・三一蜂起」後、緊迫する対外戦争やヴァンデ戦争に加えて、マルセイユやリヨンなど南部諸都市でも反乱が頻発していた。マルセイユでは六月、連邦派が反乱を起こしアヴィニョンを占領した。リヨンでは、パリで蜂起が勃発したのと時を同じくして「穏健派」による暴動が起き、同市の有力なジャコバン派指導者で裁判所長官を務めたジョゼフ・シャリエが逮捕された。そして彼が崇敬したマラが暗殺された日の四日後、処刑された。

逆に、春に創設された革命裁判所では各地の反革命派の弾圧や処刑が行われた。地方の「反乱」に対して中央からしばしば議員が派遣され、反革命容疑者を逮捕するなど治安の維持に努める一方、各地に人民協会が設立され革命の宣伝が試みられたのである。それはときに過酷な弾圧へとエスカレートし、ロベスピエールも非難するほどだった。そのことは遺恨を残すことになる。

パリでは九月五日、民衆（サン＝キュロット）が国民公会に押し寄せたことは前章ですでに見たが、このとき彼らは国内外の「革命の敵」が攻勢にでるなか、議会に対して〈**恐怖を日常に**〉と要求した。これは、八月頃からジャコバン・クラブで使われるようになったスローガンで、議会では「赤い司祭」の異名を持つ過激派のクロード・ロワイエが唱えた。「恐怖政治を日程にのぼせなければならない（＝恐怖が日常的になされなければならない）」、と（九月一日）。過激派の指導者エベールは、すべての敵を打倒すべきだと抑圧的な措置を要求、民衆を煽った。

五日、群衆は公安委員会の非公開の会合にも闖入《ちんにゅう》した。同日夜、議会ではベルトラン・バレール（フランス南西部タルブ出身で、弁護士を経て全国三部会議員となり、のちに公安委員会入りを果たす）が同委員会の名において即席の演説を行い、活動家たちを喜ばせようと「恐怖を日常的なものにしよう」と口走った。また、サン＝キュロットたちが要求した、パンを買い占める商人などを取り締まる「革命軍」の創設と各地の革命裁判所の拡充が発表された。

ジョゼフ・シャリエ

ロベスピエールは、群衆の直接行動に対しては懸念を示しながらも革命の方向性には賛同した。公安委員会委員のチュリオが弾圧は緩和されるべきだと言って委員を辞任したのに対して、国民公会でこれを暗に批判したのである（九月二五日）。ロベスピエールはみずからも委員の職を辞して真理を伝える覚悟だと述べたうえで、「真理は、貴族階級の不誠実な手先を打ちのめすため、自由の勇敢な擁護者の掌中に残る唯一の武器である」と発言した（OMR X：116）。そして、「国民公会を堕落、分裂、麻痺させようとする者は、この中にいようが外にいようが、祖国の敵である」と続けると、議場で拍手喝采が起こった。

この国内外の「敵」との戦いにおいて、国民公会を支えているのが公安委員会なのだ。「しかし、国民公会は公安委員会と結びついている。あなた方〔＝議員〕の栄光は、みずから国民的な信頼を与えた人びと〔＝公安委員会の委員〕の仕事の成功に結びついているのである」。よって、同委員会を批判する者も、同じく「祖国の敵」であると暗に示す。

ここでは個人が問題なのではない。祖国と原理が問題なのだ。私は宣言する。この物事の状態で委員会が公共の事柄を救い出すことは不可能である、と。私に反論があれば、それがいかに危険な状態にあるか、われわれを堕落させ解散させる体系がどれほど広がっているかを思い起こさせてやろう。外国人や国内の敵がこの目的のために金で雇われた工作員をどれほど持っているか。（中略）だから、政府が無限の信頼を得なければ、それに値する人間によって構成されなければ、祖国は失われると信じる。私は、公安委員会が一新されることを要求する。

こうしてロベスピエールが「敵」と「味方」を峻別しながら、公安委員会への「無限の信頼」を要求したとき、彼は一線を越えたように見える。立法府と執行府の緊張関係はもはやない。

もちろん委員会が一新されることはなく、国民公会は同委員会に「無限の信頼」を置くことを宣言した。こうした背景のもと、公安委員会が先導するかたちで翌月に宣言されたのが「革命政府」だった。その後一〇ヶ月間、同じ委員が再選されることになる。歴史家のロバート・パルマーは、それを次のように見定めた。「九月二五日の議会での勝利によって、一二人〔公安委員会委員〕の独裁は大きく前進した[1]」。一二月四日、革命政府の統治原理を示した「フリメール一四日法」が採択されたとき、名実ともにその「独裁」が成立したとされる。

ロベスピエールが過激派やその直接行動、そしてブリソ派指導者の処刑に懸念を表明しながらも、「恐怖」の要求に沿った革命の流れに身を委ねたのは確かである。この点で彼の政治家としての行動で注意したいのは、「革命政府」宣言の前日、国内のイギリス人を逮捕するという議員ファーブル・デグランチーヌの提案に賛成したことである（一〇月九日）。また、戦争中のすべての国の出身者に対してその措置を拡大するというサン＝ジュストの提案も支持した（一六日）。

革命初期には政治難民の受け入れを歓迎したロベスピエールの目には、この頃になると国内の外国人が「敵」の工作員に映っていたのである。

暗黒事件

それにしても、ロベスピエールが公安委員会への批判を許さず、恐怖政治に同調するようになるのは、彼の中で飛躍はなかったのか。そのことを確認するには、「革命政府」の設立を主導したサン＝ジュストとの関係を別にすれば、「敵」の陰謀に対してロベスピエールを焦燥に駆り立てた一連の事件の存在、およびその背景にあった「狂信」的な非キリスト教化運動に触れないわけにはいかない。

きっかけは一〇月半ばから政治問題になり始めた汚職事件だった。それは、旧体制期に廃止が決まっていた東インド会社の清算をめぐって生じた――財務整理のために起こる株価の高騰を当て込んだ――大規模な暗黒事件である。この頃パリには軍の御用商人や投機家が集まって来て、軍需物資の発注や納入をめぐって多額の裏金が動いていた。

一四日、ダントン派のファーブル・デグランチーヌが公安委員会に対して「外国人の陰謀」を告発。しかし実のところ彼自身が銀行家とグルになってお金を受けとっていたため、上記のようにロベスピエールに先んじて「外国人」を排斥する立法を推進して見せたといわれる。これに対して、関与を疑われた同派のフランソワ・シャボとクロード・バジルが公安委員会にファーブル・デグランチーヌを告発したが、自分たちが逮捕された。また、エベール派議員の関与も疑われ、両派の対立が激しさを増してゆく。

ロベスピエールが標的にしたのは、エベールとその一派だった。一一月二一日、ジャコバン・クラブで演説し、エベールらを念頭にその非キリスト教化運動を批判した。というのも、エベール派が、偶像の焼却や破壊などヴァンダリズム（文化財破壊）を伴う同運動を利用して政治的影響力の再拡大を狙っていたこともあったが、なにより「清廉の人」がその「無神論」の不道徳を深く憂慮したからだった。

一一月一〇日、ノートルダム大聖堂で挙行された「自由と理性の祭典」も、その非キリスト教化運動の一環だった（第一六章に詳述）。リヨンでは、エベール派へ転じたジョゼフ・フーシェら派遣議員によって同運動が主導され、結果として地方の革命委員会のもと一六〇〇〜一八〇〇の「反革命派」が処刑された。ギロチンでは間に合わないと、処刑には大砲が用いられた。激しい弾圧が行われたのである。

ロベスピエールは、こうした非キリスト教化運動を「狂信」と同演説で断じる。彼によれば、今日懸念すべき新たな「狂信」が生まれている。それは、「外国の宮廷に金で雇われた不道徳な人間」による狂信であって、「卑怯で残忍な敵の特徴である不道徳の外観をわが革命に与える」ものだと糾弾した。そもそも「敵」には二つの軍団があり、国境沿いにいる文字通りの軍団のほか、「もうひとつのより危険な軍団がわれわれのうちにいる。それは金で雇われたスパイや詐欺師の軍団であり、民衆の社会の中にさえ、いたるところに侵入している」（OMR X : 198）。

このようにロベスピエールは、国内の「敵」が非キリスト教化運動を通じて国外の「敵」と共謀することで、革命および共和国を危機に陥れていると主張した。そして「信仰の自由」こそ、国民公会のとるべき方針であると主張する点でも、彼は一貫していた。「平和を愛好する司祭を迫害することを許さない」のは、彼らの祈りを妨げる人間のほうが「狂信的」だからだ。

ロベスピエールによれば、非キリスト教化運動は、革命は「狂信的」だとする攻撃の口実を国内外の勢力に与えるだけではない。それは「無神論的」で不道徳であるため、革命そして共和国の存続さえ脅かしうる。なぜなら、その存続にはある種の信仰が必要だと考えられるからだ。いわく、「国民公会が最高存在のもとで人間の権利の宣言を表明したことは無駄ではなかった」。そして、同演説で次のように宣明する。

神が存在しないのであれば、それを発明しなければならない。

確かに、共和国を象徴する母としての女神が各地で飾られるなど、革命期にはカトリックに代わるある種の信仰が現れたが（第一一章）、ロベスピエールは政治や社会の腐敗と結びついた偶像崇拝を否定する一方で、キリスト教の信仰も認めるようなかたちの革命宗教を新たに構想することになる（第一六章）。

続いて、彼は国民公会（一二月五日）でも、非キリスト教化運動を通じて「敵」が国内に深く浸透していると警鐘を鳴らした。そうした中、外国の手先の代表として名前が浮上したのが、同運動にも関わったエベール派の議員アナカルシス・クローツだった。

プロイセンの元貴族クローツは、汚職事件で死刑判決を受けたある銀行家と取引したという嫌疑をかけられた。一二月一二日、ロベスピエールもジャコバン・クラブでクローツを糾弾した。「銀行家とだけ生活する人間」を共和主義者と信じられるだろうか。彼はフランス人以上に愛国的であるように見せながら、実際は列強国の手先とともに暮らしていたのである。「彼らは〔愛国者の〕仮面を覆い、われわれを分裂させる」。そして、貴族、聖職者、銀行家、外国人の同クラブからの追放を提案した。この提案はすぐに採用された。外国人で元貴族という出自を持つクローツは、非キリスト教化運動とともに「敵」の陰謀のスケープゴートとなったといえる。

ロベスピエールが恐怖政治の必要を明言したのは、こうした一連の暗黒事件の中だった。そして一二月二五日クリスマス、彼は国民公会で「革命政府の諸原則に関して」と題する演説に臨む(OMR X : 272-283)。立憲政府との相違を明らかにすることで革命政府の諸原則を示すことを目的とした演説だが、その中でロベスピエールは初めて明示的に恐怖政治の必要に言及したのである。

まず、「革命政府の理論はそれを生み出した革命と同じくらい新しい」と述べたうえで、「立憲政府の目的は共和国を維持することだが、革命政府の目的はそれを創設することである」と言う。後者は、その敵に対する戦いを通じて自由を勝ち取らなければならないのに対して、前者はそれを維持することだけが目的である。

> 立憲政府の主な関心は市民の自由であるのに対して、革命政府のそれは公共の自由である。立憲政府のもとでは公権力の濫用から個人を保護すればほぼ事足りるが、革命政府のもとでは公権力自身が、あらゆる徒党の攻撃からみずからを守ることを余儀なくされる。革命政府の国家の防衛は良き市民にかかっている。人民の敵がもたらすのは死のみである。

この革命政府のもとでは、すべての法の上に「人民の救済」が、すべての名目の上に「必然性」が置かれるという。

Anacharsis Cloots,
der „Apostel des Menschengeschlechts"
Stich von Levachez

クローツ

そして、「弱さと無鉄砲さ、穏和主義と過激さ、二つの暗礁の間を航行しなければならない」と言うとき、ダントン派とエベール派が念頭にあっただろう。ただ、ここでは国内のあらゆる場所に忍び込んだ外国の手先に対して議員の結束を促す。「敵」には、「われわれを分裂させることによってしか勝利はない」のだから。そこで、こう結論する。

恐怖をもたらさなければならないのは、愛国者や不幸な人びとの心の中ではない。略奪品を分け合い、フランス人民の血をすする、外国のならず者たちの巣窟の中である。

そのため、革命裁判所を改革・強化し、増える「犯罪者」を迅速に罰しなければならないと結論した。一二月三〇日、クローツは逮捕され、翌年三月二四日、人類主権を唱え「人類の友」の異名をとったこの元貴族は反逆罪で処刑された。

ロベスピエールも、ここでようやく「恐怖を日常的なものに」する革命の流れに追いついた、という見方もできるかもしれない。マリ＝アントワネットの伝記の著者ツヴァイクは、共和国は恐怖によって恐怖を克服しなければならない段階に至ったと記していたが、フランス革命史家のマチエも、恐怖（政治）は時代の宿命だったと断じている。[2] その意味で、恐怖あるいは「敵」の陰謀の発言に、ロベスピエールの独自な思想が見られるわけではない。マリ＝アントワネットの腹心だった元大臣が「パリ市民を恐怖でやっつける必要があると思う」（九二年七月一三日）と語ったとすれば、その種の発言は革命派独自のものですらなかったということだろう。

ロベスピエールに独自なのは恐怖政治の是認自体ではなく、それを認めるに至る背景に、強い危機意識があったことだろう。一連の汚職事件やその腐敗の温床である「狂信」は、議員と人民の意志＝意思の一致にもとづく政治とその不可欠な条件をなす議員の純粋さや誠実さに対する深い不安を抱かせたのである。その結果として彼が恐怖政治に賛成した罪を軽視するわけにはまったくいかないが、一方でロベスピエールに独自なのは政治経済上の支配階級（エスタブリッシュメント）に対する**透明性＝純潔**の厳格な要求であり、それが脅かされていることへの極端な危機意識だったことをここでは強調しておきたい。

民主主義とは何か？

年が明けると、汚職事件をきっかけに深まる党派間、あるいは革命指導者間の対立がジャコバン・クラブの中で顕在化する。エベールとその一派の問題とは別に、ダントンの背信行為や旧友で同派のデムーランによるロベスピエール批判が深刻な問題として浮上する。そこで、ロベスピエールは対応に迫られ、これがのちの大粛清につながるのだが、詳細は次章に譲る。ここでは先を急ぎ、恐怖政治下の代表的な演説の内容を確認しておくことにしたい（OMR X : 350-366）。

九四年二月五日、「政治道徳の諸原理に関して」と題した国民公会での演説は、国内外の小康状態とともに左右の党派の対立が先鋭化する中、「恐怖と美徳」を唱えた演説としてよく知られる。そこでは恐怖の対として美徳の必要を説き、強い危機意識の中で恐怖（政治）後の美徳のある時代とその政治が展望される。それは「民主主義」を定義し直した演説としても読むことができる。

冒頭ロベスピエールは、「革命の目標をはっきりと定めるべきときだ」と主張する。その目標とは、「自由と平等の平和的な享受」であって、「その諸法則がすべての人びとの心に刻み込まれること」であるという。それはフランスを「諸国民の模範」にするものだとされ、なにやら壮大な目標に聞こえるが、それは民主主義（＝民主政）によって実現されると語られる。

この驚異を実現するのはどんな性格の統治か？　それは民主的あるいは共和的な統治のほかにない。この二つの言葉は、一般の語用には混乱があるが、同義である。貴族政は君主政と同じく共和政ではないからだ。民主政とは、人民がたえず集まって公共の問題をすべて自分たちで決める国家ではない。（中略）そのような統治はかつて存在しなかったし、存在しうるとしても、人民を専制に連れ戻すだけだ。

民主政とは、主権者である人民が、自分でよくしうることはすべて自分で、自分でできないことはすべて代表者によって行う国家である。

したがって、民主政治の諸原理の中にこそ、あなた方の政治的な行動規範を探し求めなければならない。

この演説では、ロベスピエールが重視してきた「代表の原理」が繰り返されるばかりでなく、それが一層強調されているようにみえる。その代わりに、その前提となる人民と代表者の意志＝意思の一致を可能にするものが語られている。それは、民主政を「支え、動かす本質的な原動力」とされる、《美徳》である。「私が言っているのは、〔古代〕ギリシアやローマで多くの驚異を成し遂げ、フランス共和国においてもさらにもっと驚くべきことを生み出すに違いない、公共の美徳のことである」。また、「共和政と民主政の本質は平等」であるため、美徳の中には「平等への愛」が含まれるとされる。演説冒頭で平等の対になっていた自由に代わって、ここには美徳がすべり込み、平等はその中に含み込まれ、美徳が最上位に昇華される。

では、《美徳》とは何か。「この崇高な感情は、あらゆる個別の利益に対して公共の利益を優先させることを前提にするのも事実である。その結果、祖国愛はまたあらゆる美徳を前提にし、あるいは生み出す。というのも、美徳はこうした犠牲を可能にする魂の力以外の何であろうか」。要するに、《美徳》とは「公共の利益」を優先する崇高な感情であり、「個別の利益」あるいは自己を犠牲にすることを可能にする魂である。「美徳は民主政の魂であるだけではなく、この統治においてしか存在しえない」とされるのは、貴族政や君主政と違って民主政のもとでは国家が全市民にとって平等な（＝みんなと同じ）祖国となり、よって同じ犠牲の対象になるからだ。

「公安委員会のリーダー・ロベスピエール」（ゲラン画）

ポイントは、《美徳》あるいは「公共の利益」の優先が意識的に求められている「あなた方」とは、誰よりも代表者＝議員たち自身だということである。というのも、「美徳は人民には自然である」からだ。一方で、代表者（国民公会議員）に対しては、「私個人の下劣なことに魂を没頭させ、卑小な事柄への熱中や偉大な事柄への軽蔑を呼び覚ます傾向のあるものはすべて排除され、制圧されなければならない」と主張される。「フランス革命の体系の中では、非道徳的なものは非政治的であり、腐敗したものは反革命的である」。この主張のうちには、腐敗が本来は徳のある存在である人民を汚染することのないよう除去しなければならないという発想がある。それはルソーに由来する発想だが（第八章）、〈立法者〉と「代表者」のイメージがここでは重なり合っている。

そこで必要なのが「恐怖」である。すでに前年の演説で「恐怖をもたらさなければならない」と指摘していたが、美徳とともに恐怖が革命政府（革命時の民主政治）には必要だと断じる。

美徳なくして恐怖は有害であり、恐怖なくして美徳は無力である。恐怖は迅速、厳格で、仮借なき正義〔の執行〕以外の何物でもない。したがって、恐怖は美徳の発露である。それは個別の原理というより、祖国のもっとも差し迫った必要に適用される民主主義の一般の原理の帰結である。

なるほど、「平時における人民の政府の原動力は美徳である」とされ、「美徳と恐怖の双方」を必要とする革命時のそれとは区別される。だが、二つの時期はそれほど明確に区別できるだろうか。言い換えると、平時であれ人民本来の《美徳》を脅かす「敵」がいない、「恐怖」のいらない状態、つまりは人民と代表者の意思の一致した状態を現実的に想定することは可能だろうか

〈その状態に至ることがロベスピエールの理想ではあっただろうが〉。それができないとすれば、時代に関係なく、民主政治には多かれ少なかれ「恐怖」がつきまとうということになりかねない。

さらにロベスピエールは、〈専制の原動力は恐怖である〉と唱えたモンテスキューを意識しながら、あるべき革命時代の民主政としての「革命政府は、暴政に対する**自由の専制**である」と喝破した。確かに恐怖は専制君主が愚かな臣民を支配する常套手段だが、民主政のもとでも自由の「敵」を制圧する手段として肯定される。目的次第で手段は正当化されるということだろう。

演説終盤で、二つの党派、「穏健派」と「ウルトラ革命派」(=過激派)に再び言及されるが、ここで彼らは「裏切り者」だと切り捨てられる。つまり、これからは両派も、恐怖がもたらされる対象になる。問題は、その手段が一時的なものに終わるのかということである。

《民主主義》とは、人民と代表者の意思の一致に根ざした政治であり、それを実現するためには、彼らを分裂させる「敵」は排除されなければならない。その一致を阻む政治の腐敗とその背景にあると考えられた非キリスト教化運動の「狂信」(後述するような一種の新興宗教)を一掃するため、恐怖政治の必要が強く意識されるようになったのだろう。しかし、そのあとには「敵」なき時代、すなわち**美徳ある時代**の民主主義が本当に到来するのだろうか。

第一五章　ジェルミナルのドラマ

旧友の批判

一七九三年三月、のちに革命裁判所と呼ばれる特別刑事裁判所が設置された（第一一章）。それは戦況が悪化し三〇万人動員令が出され、国内では食糧騒擾が起こる中、革命に対する陰謀を企む者を裁くというのが目的だった。裁判所の設置を主導したのはほかならぬダントンである。

同月九日、動員令の施行を監督するため、全国に議員が派遣された。議員の一人ピエール・ルイ・バンタボルは議会で、パリ住民の懸念を代弁した。彼らは家族を置いて戦場に向かわなければならないことに不満を抱いており、それは裏切り者や陰謀家を裁く「真の裁判所」がないためだと考えていると言うのである。議論は翌日まで続き、終わりが見えない中、ダントンの有名な演説で、裁判所の設置が決まった。

政治犯罪ほど定義が難しいものはない。（中略）〔それでも〕民衆の救済には偉大な手段と恐ろしい措置が必要である。通常の手続きと革命の裁判のあいだに中間はない。すべての善良な市民が嘆いた流血の日々〔一七九二年九月の虐殺〕がこの議会で思い起こされたからには、私は言いたい。裁判所があのとき存在していれば、その日々に関して度々厳しく非難されることがある民衆も、流血の惨事を引き起こすことはなかっただろう。（中略）立法議会がしなかったことをしようではないか。民衆が恐ろしい存在にならないよう、われわれが恐ろしい存在になろうではないか。

革命裁判所におけるブリソ派の裁判

元法相のダントンは、犯罪者には法の裁きがなされることを民衆に知らしめるため、革命裁判所の設置は考えうるかぎりで「最小の悪」であると判断したのである。[1]その一年後、自身がその裁きを受けることになろうとは想像もしなかっただろう。

　ジョルジュ・ダントンは、九三年七月に公安委員会のメンバーから外れても、革命のもっとも有力な指導者の一人であることに変わりはなかった。しかし、この革命の英雄も汚職の嫌疑を免れることはなかった。彼の汚職への関与を示唆したのは、彼に近い元修道士の議員フランソワ・シャボである。シャボは、オーストリアの銀行家の妹と結婚して反革命の疑いをかけられたため、自身への疑いを晴らすため公安委員会に赴き（一一月一五日）、あの東インド会社の解散に伴う汚職事件の資金を流用しエベールらを雇って革命政府を打倒しようとしたとされる、金融業を営むスパイ貴族の存在を明かすと同時に、ダントンの関与さえ示唆したという。[2]

田舎に帰ってくつろいでいたダントンは急遽パリに戻った。そして、恐怖政治に批判的な発言をし始める。「恐怖政治を終わらせる時だ」、「人間の血をむやみに流さないことを要求する」（一一月二二日）。もともと王室との付き合いがあり、他国との和解を画策したうえ、政権の中枢から外れたあとは反革命容疑者の釈放を求めたダントンは、反革命の疑いをかけられる理由があった。

久しぶりにジャコバン・クラブにも出席して弁明したが、聴衆に罵倒された。そこで救いの手を差し伸べたのは、ほかならぬロベスピエールだった。パリに戻ったダントンを除名しようとする動きがジャコバン・クラブで出始めると、ロベスピエールは、彼とはこれまで意見や立場に違いはあったことを認めながらも、次のように弁護したのである（九三年一二月三日）。

こうして私がダントンに語ったのは、彼に多くを期待していたからだ。〔そして〕彼は私の期待の正しさを証明し、祖国は彼から多大な利益を得た。われわれは人民の敵に対する勝利の多くを彼に負うているのだ。政治的に考えて私はこのことを肯定する。私はダントンを見てきた。公平に、また率直に言いたい。彼が常に一貫していたことを私は見てきたし、常に愛国主義に向かう彼を見てきた。（中略）二人の間にある違いは唯一、われわれの気質、見て判断する仕方に由来するものだけで、二人とも祖国を救うという同一の目的を持ってきたのである（OMR X : 221）。

ダントン派のデムーランに対する態度も、当初は同じだった。フランス北部ピカルディ地方出身でロベスピエールとともにルイ＝ル＝グラン学院に学んだカミーユ・デムーランは、マラに次ぐ革命ジャーナリズムの申し子だった。弁護士となるが法曹界の伝統に馴染めず、全国三部会議員にもなり損ねたが、パリで革命が勃発すると矢継ぎ早に冊子を発刊しジャーナリストとして名声を得た。九二年二月には『仮面を剝ぎ取られたジャック・ピエール・ブリソ』を発刊し、旧友ロベスピエールとともにブリソ派を攻撃したことはすでに見た通りである（第九章）。

ところが、革命政府の統治原理を示した「フリメール一四日法」が宣言されると（第一四章）、デムーランは新聞『ヴィユ・コルドリエ』を翌日発刊し、第三号（九三年一二月一五日）では古代ローマ帝国の専制的な皇帝ティベリウスを描いたタキトゥスを引き合いに出しながら革命政府を批判し、こう結論した。

デムーラン

国民公会の優秀な議員たちは、いわゆるこの自由（＝言論の自由）に対する危機について奇妙な思い違いをしてしまっている。人びとは恐怖政治を日程にのぼせることを望んでいるが、それはつまり有害な市民による恐怖政治である。

続く第四号（一二月二〇日）では、旧友ロベスピエールに向けて危機の終結を呼びかけ、第五号（九四年一月七日）では反革命を疑われた議員ピエール・フィリポを称賛した。そこで、デムーランを厳罰に処すべきだという発言がジャコバン・クラブで出てくると、ロベスピエールも苦言を呈さざるをえなくなる。同日、デムーランはもともと善良な気質を持つが、悪い付き合いで道を外したのだと弁護するロベスピエールは聴衆に語りかけた。

しかし、すべての軽率な言動について後悔の念を示し、自分を道に迷わせた悪い付き合いを断つことを彼には要求しなければならない（OMR X : 307）。

さらに新聞を焼いてしまうことも求めたが、デムーランは拒否。ダントンもデムーランを擁護した。これに対してロベスピエールは、もはや忍耐強くあることはできなかった。翌日、クラブでは彼を追放するか残すかという議論がなされているが、ここでは個人が問題なのではない、「自由が勝利し、真理が認められることがなにより重要なのだ」と述べ、こう結論した（OMR X : 300–315）。

このすべての議論は、個人の問題に関して多くなされたが、公共の事柄に関しては十分ではなかった。ここで、私はどちらの側にもつかない。カミーユとエベールは、私の目から見て同等に誤っている。（中略）よって、論じることが重要なのは、カミーユ・デムーランではなく、公共の事柄であり、外国人の党派の陰謀と戦っている国民公会自身なのだ。

つまり、ロベスピエールはカミーユ・デムーランについて「個人」の問題としてではなく、「公共」の問題として非難するに至ったというのである。一〇日、ロベスピエールは彼のジャコバン・クラブからの追放を支持した。これに対して、革命ジャーナリズムの寵児は編集方針を変更することなく、『ヴィユ・コルドリエ』第六号（一月二五日）では、誤ったことを言ってしまうとすぐに逮捕されるようでは発言もできないと、言論の自由を高唱したのだった。

こう書くと、デムーランのほうに完全に理があるように見えるが、彼も賭博場の経営者や王党派新聞記者などとの交友関係でジャコバン派から長らく疑いの目で見られていたことに革命史家のマチエは注意を促している。[3] 要するに、この時期の革命家はほとんど例外なく、自身が嫌疑をかけられないよう、お互いに中傷し合っていた面がある。そこで行われたあの「恐怖と美徳」演説（二月五日）は、政財界の腐敗を憂慮したロベスピエールがエベール派やダントン派との和解を放棄し、旧友と離別する宣言でもあった。

エベール派の逮捕

演説から二週間後、ロベスピエールはまたも病に倒れた。革命の重圧は、彼の身体を確実に蝕んでいたのである。デムーランとの論争も、彼にとっては大きな精神的ストレスだったに違いない。

政治家ロベスピエールの定期的な不調は、「厳格で質素な彼の生活」自体にも原因があっただろう。当時彼の情報を収集したというあるドイツ人はその生活をこう報告している。

> 彼は非常に早くに起床した。（中略）そして、わずか水一杯を飲んで数時間仕事をする。（中略）そしてお昼ご飯をとるのだが、わずかなワインとパン、そして数きれの果物だけである。（中略）夕食はデュプレ家の人々とともにする。（中略）それから彼は外出するのである。（中略）帰宅はとても遅い。というのも、彼はしょっちゅう真夜中くらいまで公安委員会で仕事をしているからである。(4)

この報告がどこまで正確かは判定できない。ただ、革命前のアラスでの生活から、ここに書かれた生活習慣は十分に類推できる。激務の公安委員会を中心にロベスピエールは勤勉に働いていた。おそらくその食生活を含め、健康的ではない生活も彼の身体を蝕んでいったのだろう。

当時も彼の病状は周囲には知らされず、噂や憶測が巷間に流れた。警察の報告によれば、「人々は悲嘆に暮れており、もしロベスピエールが亡くなるようなことがあれば、すべてが失われてしまう」と語っていたという。(5) 一方、ロベスピエールのことを穏和的だと言って以前から批判していたコルドリエ・クラブでは、エベールが彼を「甘言家《アンドルムール》」と呼んで批判、ダントン派を「新たなジロンド派」と言って糾弾していた（二月二二日）。

事態は急迫してきた。田舎に派遣され反革命派の鎮圧の任務にあたっていたキーマン、サン＝

ジュストがパリに呼び戻され、国民公会で公安委員会を代表して演説した。そこで、「外国人の陰謀」事件とともにダントン派とエベール派双方を批判、厳格な措置を要求した。と同時に、愛国者を釈放する権限を保安委員会に付与する一方で、陰謀家（亡命貴族）の財産を民衆に再配分するという法令（ヴァントーズ法令）を提案、採択された（施行はされなかったが）。

すると三月二日、エベール派のロンサンがコルドリエ・クラブで蜂起を呼びかけた。エベール本人も、モモロやヴァンサンから弱腰と批判されたのに刺戟を受けて「穏健派」とロベスピエールの共犯関係を指摘し、ついに蜂起を唱えた（三月四日）。だが、これに呼応したのは四八セクションのうちわずか二つで、パリの民衆は同調せず、蜂起は失敗に終わった。

そこでいよいよエベール派の逮捕が議事日程に上ってくる。三月一二日、ロベスピエールはひと月ほどの療養期間を経て、同じく体調を崩して休んでいたクートンとともに国民公会に復帰した。翌日、サン＝ジュストが「外国人の陰謀」に関する報告で提案したのは、革命裁判所による陰謀家の迅速な逮捕と裁判に関する法令だった。「清廉の人」はそれに同意するに至る。その日、ロベスピエールは久しぶりにジャコバン・クラブの演壇に立ち、「私は祖国を愛している、それに全存在をささげたい」と改めて決意表明をしたあと、次のように語った。

自由の擁護者のエネルギーが今ほど必要な状況はない。自由はかつてない多くの侮辱と、卑劣で危険な陰謀にさらされている。私の肉体の力が精神の力と同じくらい強ければよかったのに（OMR X : 374）。

その日の晩、エベールとその一派が逮捕された。賽《さい》は投げられたのである。

二日後、ロベスピエールは国民公会で演説し、心からの愛国者は団結しなければならないと訴えた。そのうえで、「すべての党派を同時に滅ぼさなければならない」と主張したのである。そして、革命裁判所は犯罪者たちを識別することができ、人民と代表者を引き裂こうとしている陰謀家たちを怯えさせるのだ、今こそ人民が代表者と心をひとつにすることを願う、と述べた。

一八日、東インド会社事件に関わった外国人の銀行家が逮捕された。そして二一日（ジェルミナル一日）、裁判が開始され、エベールらは「外国人」と共謀した「敵」とともに裁かれることになった。このことは、政治的に腐敗している者と経済的に腐敗している者とが区別されなかった、あるいは――そのほうが「党派」の腐敗を際立たせる効果があるために――意図的に混同されたという点で重要である。結局、ロベスピエールらにとって「敵」とは政治的であると同時に経済的な支配階級（エスタブリッシュメント）を意味したということである。

以後、二週間ほどにわたって繰り広げられる「党派」をめぐるドラマ（悲劇）を、革命暦にちなんで**ジェルミナル（芽月）のドラマ**という。フランスの季節ごとの自然に合わせてつけられた美しい暦は、奇しくも渦中の（後日逮捕される）ファーブル・デグランチーヌの提案によるものだった。

続いてロベスピエールは、もうひとつの党派（＝穏健派）に矛先を向ける。彼は国民公会の演説（二〇日）で、祖国を引き裂こうとしたひとつの党派はほぼ消え去ったが、別の党派が打ち倒されておらず、ある種の勝利さえ得ており、われわれは決死の覚悟で敵と戦わなければならないと主張したのである。そして、すべての党派が滅ぼされなければわれわれに休息はやってこないと繰り返した。「祖国への愛着の影響力が、フランス人民の権利が、今すべての党派に打ち勝たなければ、自由を強固なものにするために神があなた方に与えた最高の好機を逸することになるだろう」。

逆に、国民公会が敵に打ち勝つほど強くないとすれば、とロベスピエールは続ける。

われわれにとってもっとも幸福なことは死ぬことだろう。それは革命の舞台で三年ものあいだ行われてきた卑しさと犯罪のあまりに長く苦痛な光景からついに解放されることではある。しかし（中略）、国民公会が人民と正義、理性を勝利させることを決断するとすれば……（OMR X : 395）。

エベール

こう述べたところで、議場のいたるところから「そうだ、そうだ」という叫び声が上がった。

翌日の二一日、エベールらの裁判が開始される中、ロベスピエールは「穏健派」への批判を緩めなかった。その日ジャコバン・クラブで演説し、同派は有力な銀行家などイギリスやオーストリアの手先の庇護のもとに活動してきたと告発、「暴政の支援なしに存続しえる党派はない」と断じた（OMR X：409-410）。なるほど、コブレンツ（国外の陰謀家の拠点の総称）やラファイエット（国内の裏切り者の象徴）の党派ではないが、「今日の党派はその事実によって特徴づけられる。それは人民を啓蒙する事実の真実性によって告発されるのである。それを暴く時が来るだろう。その時は遠くない」。彼らが人民を裏切ったという「事実」があり、それは人民自身によって告発されると述べたのである。

エベールらの裁判はわずか三日で結審、有罪判決が確定し、即日処刑された。あの「人類の友」クローツ（第一四章）も、このとき一緒にギロチンにかけられたのである。

こうした経過を見ていると、ロベスピエール、あるいは事実上エベールらの逮捕の流れを作ったサン＝ジュストの主導する公安委員会による措置は、以前にも増して迅速かつ苛烈になったように見える。少なくとも一方の党派の逮捕後、もう一方の党派＝ダントン派への批判が激しくなった。では、ロベスピエールになにか特別な心境の変化があったのだろうか？

確かに、旧友との論争は、前述のように彼に精神的なストレスを与えただろう。そのうえで、療養中の彼がサン＝ジュストや弟のオギュスタン、あるいは警察職員からの報告を受ける中、「きまじめで勤勉な」少年が自分の殻に閉じこもるようにして暗い世界観を築き、陰謀論を逞《たくま》しくしていったというのはありそうな話である(6)。

しかし、ロベスピエールがその時の雰囲気や一時の感情に流され、一方的に陰謀論に支配されたと考えてはならないだろう。ここでも、彼は己の政治哲学に一貫して従っていたのである。実際に、彼の考える《民主主義》、言い換えれば代表者と人民の**透明な関係性**に対する「敵」が国内にいるという「事実」が存在した。陰謀とは、科学的に証明されないとしても、それを裏づけるような「事実」が出てくると、その力を増すものだった（第九章）。実際、エベール本人の蓄財は突出しており、他の議員も多かれ少なかれ裏金を得ていたという「事実」の発覚はことのほか重要である。(7)

「清廉の人」はその中で例外的な存在だったことを見逃してはならない。彼の原点は、革命前に書かれた『仮面を剝がされた祖国の敵』というパンフレットのタイトルに表出していた（第四章）。政治家ロベスピエールの原点は、支配階級（エスタブリッシュメント）の、あるいは彼らと共謀した政治家やその党派の「仮面」を剝ぎ取り、真実を公にすることだった。その点から〈内なる敵〉の追及に執着し、人民と代表者の意思の一致した《民主主義》を標榜した。党派の排除は純化路線だといわれるが、彼は時代の流れにただ身を任せたわけではなかった。

ダントンの処刑と「恐ろしい存在」

党派の消滅を訴え、エベール派の裁判中も穏健派を攻撃したロベスピエールだったが、ダントン自身の逮捕には最後まで慎重だった。個人的な付き合いとは別に、堂々とした体軀でミラボーを思わせるダントンの革命における存在感もよく理解していた。それでも、ついにロベスピエールも公安委員会でダントンの逮捕に署名することになる。前年夏、同委員会に逮捕状を出す権限を与える決議を支持したのは、ほかならぬダントン自身であったのはなんとも皮肉である。

九四年三月二九日、公安・保安委員会は穏健派の逮捕を決定、翌日ダントンやデムーランら同

革命裁判所におけるダントン派の裁判

派の指導者を逮捕。同じく、汚職事件に連座したファーブル・デグランチーヌやシャボも逮捕された。三一日、国民公会ではルジャンドル議員がダントン派に議会で釈明する機会を与えるよう提案を行ったが、ロベスピエールが反論し、却下された。「彼〔＝ルジャンドル〕がダントンについて話したのは、この名には特権が与えられているとおそらく信じているからだ。いいや、われわれは特権など欲しない。いいや、われわれはそのような偶像を欲しない〔議場では何度も拍手が起こる〕」。そして、国民公会は「腐敗した偶像」を破壊するかその逆か、近日中に決するだろうと述べたうえで、「清廉の人」は己の信条を簡潔に吐露した。

私はここで、陰謀の試みに対して原理の**純粋さ**すべてを擁護することが、私に課せられた特別な義務であると付け加えなければならない（OMR X : 413)。

それはダントンとあえて付き合うことで自覚させられた義務であるという。ここで陰謀〔＝腐敗〕と対比されているのは原理の**純粋さ**、端的に言えば——ここでは明言されていないが——人

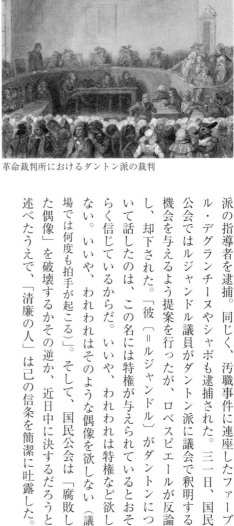

民主権（民主主義）の原理の純粋さである。その純粋さや誠実さはダントンのような議員のあり様と対比され、個人の交際や利益よりも優先されなければならないものだとされる。ここでも、自己の信条を曝けだすことで人民との一致を促すというスタイルが貫かれている。もとより、女性と酒をこよなく愛し、物欲にまみれていたという悪評もあるダントンが、清貧を尊ぶ生活を送り続けるロベスピエールに親近感を持つことは一度としてなかっただろう。実際、あるときダントンは（美徳を強調する）ロベスピエールに対して、「おれが毎晩妻としていることほど揺るぎない美徳はない」と皮肉ったというエピソードが残っている（OMR XI : 433）。

ダントンの処刑

　四月二日に裁判が開始。三日後（ジェルミナル一六日）死刑判決が確定し、ダントンらはその日のうちに処刑された。没年三四歳。彼は自身が語ったように「恐ろしい存在」になった議員による「偉大な手段」によって葬り去られた。ダントンは死刑執行人に対して、「おれの首を民衆に見せるのを忘れるなよ、見るだけの値打ちがあるからな」と語ったという。革命下でダントンの死ほどパリ全体に大きな衝撃を与えたものはなかったと、セーヌ川沿いにあった本屋のニコラ・ルオは証言している[8]。

　とはいえ、興味深いことに、**ジェルミナルのドラマ**によってロベスピエールから民心が離れ、のちのクーデタにつながったという従来の見方は近年、この時点ですでに民衆は「党派」を支持していなかったという理由で、修正を迫られている。エベールの場合はそれ以前から「金で雇われた民主主義者」と呼ばれ汚職の事実が報道されており、上述のように彼に同調する民衆はほとんどいなかった（その意味で彼の支持の絶頂期は前年の蜂起においてだった）。彼らの逮捕について、当時のある報告によれば、「もっとも教養のない庶民にいたるまで、おそらくあまりにも遅すぎたこの正当な措置に拍手喝采をしない者はいない」という始末だった。処罰として「ギロチンは甘すぎるという声」さえもあちこちで聞かれたという。[9]

国王という〈象徴〉が逃亡したときと同様、信頼していたがゆえに「裏切られた」と思った時の民衆の憎悪はいっそう激しくなる。民衆の中で真の犯人探しが始まり、憎悪と不信が連鎖してゆく――。つまり、エベール派の背後には「首謀者」がいるはずだと民衆は思い込み、特に革命家に指示されたわけでもないのに「仮面」を剝がそうと躍起になる。それゆえ、ダントン派の逮捕・処刑後も、ある警察史料によれば、「大衆の意見は相変わらず良好であり、犯人の首が落ちるのを見ること以外の欲求をもっていない」と語られたほどだ。[10]「民衆が恐ろしい存在にならないよう」革命裁判所の設置を決めたダントンの思惑とは逆行して、革命はその歩みを早めていた。

確かに、両派への世論の支持が地盤沈下の傾向にある中、「党派」の処刑によってロベスピエールらから民心が離れるということはなかったかもしれない。しかし逆に、世論が彼をつねに支持していた、あるいは今後も支持してくれるという保証はまったくなかった。エベール逮捕後にある庶民は「民衆の好意はじつに移ろいやすいものだと認めなければならない」と語ったが[11]、まさにロベスピエールは最期まで、この〈移ろいやすい存在〉と対峙せざるをえなかっただろう。

ジェルミナルのドラマでは、有数の指導者が革命裁判所で刑死した。その背後で、恐怖政治の絶頂期に少なくとも三〇万人が逮捕、一万七〇〇〇人が処刑された。裁判を経ていない死刑を含めればおそらく四万人はいるという。[12] パリはもとより地方でも派遣議員による弾圧や残虐行為が広がり、ロベスピエールが派遣議員をパリに連れ戻すことがあったほどなのだから。件《くだん》の本屋は、革命は「それ自身の子どもをむさぼり食い、兄弟を殺す」と、ダントンらの裁判が始まった日付のある手紙に書き残している。

このとき、貴族の処刑の割合が倍増したことも注目に値する。具体的な犯罪というよりも旧体制下の地位によって多くの人間がギロチン台に送られた。それは明らかに革命の理想というよりも憎悪や復讐心によるものだった。[13] この意味でマラの後継者を自称したエベールの死後、むしろ民衆自身によって〈**マラ的なもの**〉が加速度的に駆動し始めたといえる。

馬車で刑場に向かう際、ダントンは通過するロベスピエールの家を窓越しに眺めながら、こう叫んだという。「ロベスピエールよ、お前もおれのあとに従うのだ」。

第一六章　革命の祭典

革命の再編とサン＝ジュスト

主要な「敵」である党派を打倒した今、恐怖政治は終わり、ロベスピエール主導で本来の民主政治への移行が進行しただろうか。その成否はおくとしても、以後は革命の再編が確かに企図されたのである。

まず一七九四年四月一日（ジェルミナル一二日）、政府にあたる執行会議を廃止、代わりに一二の委員会が設置され、公安委員会が名実ともに執行権力機関となった。また、同委員会のなかに警察局が新設された（保安委員会との間でのちに火種になる）。さらに同月一五日、国民公会で公安委員会を代表して治安全般に関する演説を行い、両派の粛清後の革命再編プランを提示したのはサン＝ジュストだった。

冒頭、「市民諸君、党派を破壊するだけでは十分ではない。彼らが祖国に対して行った悪事をさらに埋め合わせる必要がある」と演説し始める。(1) そこでサン＝ジュストが訴えたのが、治安の強化であり、そのために革命裁判所の権限を強化することだった。「刑事上の裁判官の弱さが陰謀を大胆にし、あなた方の権威を弱め、法令の威厳を侵害するとともに人民を党派の悪意に委ねたのだ。〔中略〕そのように処罰されない状態を終わらせる時だ」。彼が演説で強調したのは、主要な党派を粛清した今、例外的な恐怖政治に頼らない革命の「制度化」の必要だった。

なるほど、「すべての悪は〔政府〕権力の濫用に由来する」一方、「人民は正しい」。それでも、彼らは有力者に――実際に党派やその指導者が支持されたように――騙されることがあり、権力の濫用を防ぐ「市民制度」が必要である。サン＝ジュストは、議員たちにこう訴える。

市民制度を作ろう。そうした制度について人びとは考えてもいないが、それなしに自由は存続しないのだ。革命が終わっても、それが祖国への愛着や革命の精神を維持するのである。それによってこそ民主主義の完成を知らしめることになる。つまり、あなた方の計画の偉大さを知らしめ、それに比べて敵たちが歪んでいると示すことで、彼らの消滅の時期を早めることになるのだ（OC : 763）。

この種の主張は、エベール派とダントン派、両派の追放によって初めてなされたわけではない。ヴァントーズ法令（第一五章）につながる彼の演説ですでに指摘されていた（二月二六日）。「君主政には政府しかないが、共和政には多くの制度があり、習俗を抑制したり、法律や人間の腐敗を止めたりする。こうした制度を欠いた国家は、見せかけの共和国でしかない。〔中略〕われわれには、共和政の魂である制度が欠けているのだ」（OC : 658）。「このように、悪徳を変形させる強力な制度によって道徳が実践されない統治では、政治の運命は才気をひけらかす人間や隠された情念に任せて変化することになる」。粛清は革命の再編、「制度化」を急がせたのである。後述するように、この頃サン＝ジュストは「共和国の諸制度に関する断片」と題する手稿を綴っていた。

元青年将校が演説で提案したのは、公安委員会の権限強化や革命裁判所のパリへの一極集中、元貴族やフランスの交戦国の人間をパリや港町から排除する法令だった（地方の革命裁判所の廃止は、クートンが提案する五月八日の法令による）。同月一九日（ジェルミナル三〇日）、非キリスト教化運動を主導し、派遣先で過酷な弾圧を繰り返した議員たちが再びパリに召喚された。バラスやフレロン、カリエやフーシェに続いて二一名の議員が一挙に召喚されたのである。

では、革命の再編が進む中、ロベスピエールは何をしていたのか。彼は同日、またしても体調を崩し自宅療養にはいる。休養は、恐怖政治の中でひとつのクライマックスを迎える「最高存在の崇拝」演説を行う五月七日まで、二週間以上に及ぶ。ロベスピエールについては伝記作家が身体の弱さを指摘しているが、それに精神的ストレスが加重され、心身ともに疲弊していたのは確かだろう。

それでも、「ジャン＝ジャック・ルソーの魂への献辞」（第三章）以来ロベスピエールには一貫して革命の理想に身を捧げる強い覚悟があった。二年前の演説でも、ブリソへの反論が目的だったが、その中で自己の運命について次のように語っていた（九二年四月二七日）。

自由に情熱を傾ける魂を授け、暴君たちが支配するなかで私を産ませた神、党派や犯罪が支配するなかでも私を存命させた神は、我が国を幸福と自由に導くに違いない道を私の血で示すことをおそらく求めている。私は喜んで、この甘美で栄光ある運命を受け入れよう（OMR VIII : 315)。

このなかば運命論的な自己規定のうちには、神（あの世）の存在へのある種の信仰さえ読み取れる。そして心身ともに疲弊する中、ロベスピエールはサン゠ジュストとは違ったかたちで革命の再編を構想していた。つまり、今回の療養期間に彼は自己の革命の理想を〈公共の信仰〉、一個の「宗教」にまで昇華させようとする構想をめぐらしていたのである。それが五月七日の演説で発表された「最高存在の崇拝」、いわば革命のための宗教＝革命宗教だった。

とはいえ、「革命礼拝」は彼の発案ではなく、それ以前の革命を祝う祭典によって徐々に形作られてきたものである。特に彼自身が意識したのは、前年に催された「自由と理性の祭典」（**理性の祭典**）だった（第一四章）。それゆえ、「最高存在の祭典」を理解するには、「理性の祭典」とともに、それに先立つ一連の革命祭典について瞥見しておく必要があるだろう。そのうえで、彼の「最高存在」をめぐる思想とその祭典の反響を確認することにしたい。それは政治の腐敗に対する恐怖政治に代わる民主政治の核心として考察されたはずのものである。

革命下に音楽が流れる

革命礼拝とは、革命を祝う祭り（祭典）の一種である。その全国規模での最初のものが、一七九〇年七月、革命勃発一周年を祝って開催された**全国連盟祭**だった。連盟祭自体は前年一一月から各地方で連盟兵が主体になって行われていたものだが、これらが全国規模で初めて統一され実施されたのが全国連盟祭だった。

すでに見た通り（第七章）、そこに設置された「祖国の祭壇」に地方から詣でに来る旅はさながら「巡礼」の様相を呈していた。その祭りは革命初期のハイライト、革命のポジ像として語られてきたものである。たとえば、歴史家のジュール・ミシュレは『フランス革命史』（一八四七〜五三年）の中で、「あまたの連盟祭はもういらない、無用だ。必要なのはひとつの連盟祭のみ、フランスのみだ」と書いたあと、興奮さめやらぬかのように「連盟祭」の項目をこう語り始める。

一世紀ものあいだつづいた論争の果てに、この信仰、この無邪気さ、この和合への大飛躍。これは、あらゆる国民にとって大きな驚きであった。まるでふしぎな夢をみているかのようだ。みな唖然としていた。感動していた。(2)

ただ、集まるだけでは「国民」なるものに触れ、一体感を得ることはできない。舞台設定もさることながら、市民の能動的「参加」が必要で、それによって熱狂を生み出す必要があった。そこで大きな役割を果たしたのが、歌やダンスである。祭典、礼拝には音楽がつきものなのだ。

革命の時代、革命をテーマにした歌が数多く作曲された。一七九〇年には二六一曲、九一年は三〇八曲、九二年は三二五曲、九三年は五九〇曲、九四年には七〇一曲の新作が作られたという。(3)ただ、一七九〇年の全国連盟祭で演奏されたのは、当時「最高の作曲家」と目されたフランソワ

＝ジョゼフ・ゴセック（一七三四～一八二九年）作の荘厳な『テ・デウム』であり、それは旧来の宗教色の濃い楽曲だった。民衆は基本的に聴くだけで、「参加」は想定されていなかった。実際、国王列席のもと、「祖国の祭壇」でミサをあげたのもオータンの司教タレーランだった。

ところが、全国連盟祭の会場になったシャン＝ド＝マルスの巨大な円形競技場の造成には、すでに民衆たちが「参加」していた。都市パリの観察者として著名な作家のルイ＝セバスチャン・メルシエ（一七四〇～一八一四年）は、「この驚くべき、そして永遠に忘れがたい友愛の実例」を書きとめ、『パリ通信』も祭典数日前に次のように伝えた。

シャン＝ド＝マルスでの作業の有様を描くのは不可能だし、書かれたものは、とても現実には及ぶまい。市民たちのあの雑踏を、ひどくつらい仕事をしている人たちのあの活力と陽気さを、実際に目の当たりにしなくてはならないのだ……。祖国の祭壇の建設に率先して協力しているのは同業組合ではない。楽隊がまっ先に進み、人々はシャベルやつるはしを肩にかついで三人ずつ組になる。（中略）全員が声をそろえて歌う。「サ・イラ、サ・イラ、サ・イラ」。(4)

革命を祝うことで「国民」としての一体感を覚えたのは、祭り後に地元に帰った総勢五万人の連盟兵だけではない。一体感を醸成したのは、このイヴェントに「参加」したパリの労働者たちでもあり、歌いやすく覚えやすい音楽がそれに一役買った。同年、元軍人の大道歌手ラドレの作った『サ・イラ』は、「すでに無償奉仕の労働者たちの伴侶になっていたのだった」。

その後、ミラボーの葬儀やヴォルテールの遺骸のパンテオン葬など革命の祭典が次々と遂行されたが、このときは国民主体の葬儀のためにゴセックが作曲した『葬送行進曲』が悲痛な情感を演出した。こうして祭典やそこで演奏される歌も「世俗化」していったのだが、それには「聖職者市民化基本法」（第八章）に始まる非キリスト教化、あるいは国王の逃亡（およびその後の処刑）が影を落としていた。〈象徴〉、あるいは聖性の代位が生じていたのである。

一七九二年の第三回全国連盟祭では、詩人マリ＝ジョゼフ・シェニエ（一七六四〜一八一一年）作詞、ゴセック作曲の『自由への讃歌』が演奏され、宗教色の濃い『テ・デウム』を歌うことはもはや問題外となっていた。このとき、マルセイユからやって来た連盟兵が道中歌って有名になったのが『ラ・マルセイエーズ』である。

こうして革命それ自体が礼拝の対象になってゆく経緯と、革命が既存の宗教（キリスト教）から脱出する過程は表裏の関係に見える。そして、お互いに共通するのは民衆が集まって歌を聴き歌うという「儀式」だった。さらに、国王処刑の前日に近衛兵に暗殺されたルペルチエや、マラといった革命の「殉教者」の葬儀を通じて革命祭典は礼拝対象を加えてゆく。が、この流れを過激に推し進め、利用しようとする党派が現れる。それが前出のエベール派で、彼らの影響のもとでパリのコミューンが主催したのが「**理性の祭典**」だった。

このとき、地方で非キリスト教化運動を先導したエベール派のフーシェは、派遣先のニエーヴル県で「墓地令」（九三年一〇月一〇日）を発し十字架や聖者像などの撤去を指示して同運動の範例をなした。パリでは一一月七日、大司教ゴベルが聖職の放棄を宣言する中、ニエーヴル県出身のエベール派指導者ショーメットに導かれてパリのコミューンがノートルダム寺院を占拠、カトリックの祭具を取り払い「**理性の神殿**」と名を改め、「**理性の祭典**」を挙行したのである（一〇日）。

寺院内に作られた小高い山の周りに小さな円形の神殿が設けられ、その上に「哲学に捧ぐ」という銘が掲げられた。入り口にはヴォルテールやルソーなど「哲学者《フィロゾフ》」の胸像が置かれ、中央にある理性の祭壇は「真理」の松明《たいまつ》によって照らされ、その周りを白い衣装をまとった乙女らが囲む。そこに「自由」に扮した女性が神殿から姿を現すと、シェニエ作詞、ゴセック作曲の新作が演奏された。集まった民衆は歌を歌って踊り、熱狂を爆発させたのである。

理性の祭典（1793 年 11 月 10 日）

二週間後、パリ市当局はパリ中の教会の閉鎖を決定した。その二日前にロベスピエールがジャコバン・クラブで行ったのが、あの痛烈な「狂信」批判演説だった。「**理性の祭典**」を狂信的・無神論的だと糾弾し、それは革命そして共和国の存続に必要な信仰ではないと切り捨てたのである。「神が存在しないのであれば、それを発明しなければならない」とさえ語ったロベスピエールにとって、確かに革命とその原理の維持にはある種の宗教が必要だったが、それは理性を崇めるような信仰ではなかったのだろう。

ところで、その種の神の「発明」の一文を聞いたことのある読者がいるとすれば、それはおそらくロベスピエールではなくヴォルテールの言葉として記憶されているだろう。実際、それは彼の『三人の詐欺師の本の著者への書簡』（一七六九年）という作品に出てくるフレーズである。

確かに、ヴォルテールは旧教を厳しく批判し、理神論を唱えた。理神論とは、一言で言えば、神の存在を啓示によらず理性によって（＝合理的に）説明しようとする立場を指す。ロベスピエールの場合も、奇跡・預言・啓示などを前提にしない点では合理的で、理神論的に見えるが、それらの存在をいっさい否定するわけでもない。また、信仰は理性によって説明し尽くせるものではなく、心性にもとづき、それに訴えるものでなければならない。だからこそ、「最高存在」の実在を信じる礼拝が必要で、そのために合奏といった「儀式」も不可欠だったはずである。「**理性の祭典**」が、同じく革命を歌って祝うといっても、また理性の力を信じるといっても、ロベスピエールによれば、そのためにこそ「最高存在」を信じることが必要だった。

最高存在の祭典

では、非キリスト教化運動を批判した革命家の構想する「宗教」とはいったいどのようなものだったのか。療養期間を経て国民公会に復帰した日、ロベスピエールは「宗教的・道徳的観念と共和国の諸原理の関係について、および国民の祭典について」と題する演説でそれを打ち明ける（九四年五月七日）（OMR X : 442-465）。

精神の世界は、物質の世界に比べてはるかに対立と謎に満ち溢れているように見える。〔中略〕物質の世界はすべてが変わったが、精神と政治の世界はすべてが変わらなければならない。世界の革命の半分はすでになされたが、もう半分がなされなければならない。

未完の革命、それは理性によって精神の世界が照らされることで完遂されるはずだ。そのためには、「今日まで人間を欺き堕落させる術」であった統治を、「人間を啓蒙し、より善良にする術」に代えなければならない。つまり、人間の情念を正義へと導くことを目的にした統治、「社会制度」が必要であると言うのだ。これは、前述のサン＝ジュストの主張とも一見して共振する。なるほど、「市民社会の唯一の基礎、それは道徳である」。とはいえ、「哲学者たちの書物に残された道徳的真理」を崇めるだけなら、それは「理性の祭典」の主催者たちが企図したものとさほど変わらないはずである。ロベスピエールにとっては、その祭典を批判した際に宣明したように、「最高存在」＝《神》が存在しなければならなかった。

そこで、「人びと〔陰謀家たち〕が消滅を望んだあらゆる私心のない感情やあらゆる偉大な道徳の観念を呼び覚まし、昂揚させよう。友情の魅力と美徳の紐帯によって、彼らが分裂を望んだ人間たちを結びつけよう」と述べる。党派の陰謀家たちによってもたらされた分裂に対して、人民の《一体性》、さらには彼らと「代表者」との透明な関係性を回復せねばならない。そして、次のように続ける。

では誰が、神は存在しないと人民に告げるという使命を君に与えたのか。おお、君はこのような不毛な教義に夢中になり、祖国にはけっして熱中しないでいる。（中略）人間は無であるという観念が、人間〔の霊魂〕は不滅であるという観念よりも純粋で高潔な感情を抱かせることがあるだろうか。同胞や自分自身への敬意、祖国への献身、圧政を打ち倒そうとする大胆さ、死や悦楽への軽蔑の念をいっそう抱かせることがあるだろうか。

まず、《神》（＝最高存在）が存在し、また霊魂が不滅であるという観念を信じなければならない理由、それは死後の世界でしか救われない事柄があるからだ。それによって、美徳のため、祖国のために、たとえ不遇の死を遂げようと、人は慰められ、道徳・真理への熱意はいっそう強くなるとロベスピエールは考えた。「最高存在と霊魂の不滅の観念は、絶えず正義に立ち返らせるものである。それゆえ、社会的であり、共和的である（拍手喝采）」。

ロベスピエールにとって、「宗教感情」が人間の力を補って道徳を魂に刻み込んでくれるとすれば、最高存在は市民社会にとっても共和政にとっても有用である。ここで、同僚議員に語りかける彼の視点は宗教者ではなく、立法者のそれである。「立法者の目で見れば、世界にとって有益で、実践して良いものはすべて真理である」。つまり、そこには政治家の視点で有益であれば――場合によってはフィクションを含んでも――利用するという姿勢が見られる。それはルソー以上にマキアヴェリ的にも見えるが、肝心な点は、「人民の主権とその全能性以外の教義を認めない」（「墓地令」）というような「**理性の祭典**」を計画した過激派のように、人間の理性ないし人民それ自体を信仰するような姿勢とは一線を画しているということである。

　同様に、「信仰の自由」、すべての宗派の信仰の自由がここで改めて主張されるのも、立法者の視点からだろう。すなわち、「公共の秩序」の視点から——特に地方では多くの住民がカトリック信仰を根強く抱いていることを彼は経験上知っていた——、強制するよりは住民がみずから「自然の普遍的な宗教」と和解していくことが期待されたのである。諸信仰を包摂しうるような礼拝には《神》が必要であって、そのかぎりで無神論は唾棄されなければならない。ここに、革命宗教が「**理性の祭典**」であってはならないもうひとつの理由があった。

　では、信仰の自由を保障しながら「最高存在」と呼ばれる《神》ないし霊魂の不滅が崇拝されるとはどういうことか。それはどのように維持されるのか。ロベスピエールはそれを「正しく理解された国民祭典の制度」と表現する。それは一面ではこれまで挙行されてきた革命祭典と似通っている。たとえば、「自由への熱狂、祖国への愛、法の尊重」などの覚醒をめざすことや、自由や祖国の英雄の記憶を顕彰することなど。ただし、「すべての祭典が最高存在の庇護のもとで祝われること」を条件とする。つまり、「最高存在」の庇護のもとで従来の革命祭典をひとつにまとめ上げることがめざされたのである。

　逆に言えば、「最高存在」の崇拝を唱えながら礼拝の対象となっているのは共和国、その「政治制度そのもの」だということができる。この点で、革命礼拝は他のすべての礼拝とは異なることが歴史家によって理解されてこなかったと、革命史家のアルベール・マチエは喝破する。(5)と同時に、マチエによれば、それまで他の多くの議員にとっても祖国は崇拝の対象であり、その「信仰」は既存の宗教の礼拝を妨げるものではなかったという点で、ロベスピエールの唱えた革命宗教は彼の独創というわけではなかったという。

演説の最後に提案・採択された法令では、最高存在の実在と霊魂の不滅を宣言し、それを礼拝する義務、および祭典が開催される祝日なども定められた。ひと月後の六月八日に「最高存在の祭典」を開催することも決められた。そして六月四日、プレリアル（草月）一六日、全会一致で国民公会議長に選出されたロベスピエールが「最高存在の祭典」を主宰することになった。

祭典は、あの「球戯場の誓い」の名場面を描き、のちにナポレオンお抱えの画家となる、ダヴィドの周到な計画に沿って進行した。まず、国民公会の置かれたチュイルリ宮殿（＝国民庭園）前にトランペットや太鼓の音を合図に群衆が集まってくる。そこで、庭園の泉のほとりに置かれた無神論や利己主義をかたどった人形に火がつけられた（それに代わって現れた「叡智」の像は煙で黒ずんでいたが）。その後、ロベスピエールの演説に続いて、やはりゴセック作曲の『最高存在への讃歌』が演奏され高揚感を演出。最初の詩節はこんな具合である（作詞は最初シェニエが担当したが、直前でテオドール・デゾルグに交代した。以下の引用はシェニエのもの）。

ぺてんに踏みにじられている真理のみなもと
生きとし生けるものすべてを永久に保護するもの

「自由」の神　「自然」の父　そして
　創造主にして秩序を維持するものよ
おお　汝こそは　唯一の非被造の存在　偉大なるもの　必要不可欠のもの
　美徳を生むものにして法の原理
　独裁権力の変わることのない敵対者だ
　フランスはいま汝の前に立つ　（宇佐美斉訳）

最高存在の祭典

演奏が終わると、一行はロベスピエールを先頭にシャン＝ド＝マルス（＝統一広場）に向かった。そのなかには、トランペットを首にかけた騎兵隊や、太鼓を抱えた国立音楽院（革命勃発後に教会ではなく国家のもとに音楽教育が集約されるなか、一七九三年に国民衛兵音楽学校に代わって設立された学校）の学生もいた。祖国の祭壇の広場には巨大な山が造設され、中腹には大きな柱の頂に〈人民＝民衆〉を表す男性像を設置、山の頂上にはフランス人民の解放の象徴である「自由の木」が植えられていた。人びとがその山を登っていくと、頂上に配置された楽団によってトランペットが吹かれ、再び讃歌が演奏された。『ラ・マルセイエーズ』も鳴り響き、群衆の昂揚は一気に高まったのだった。[6]
「最高存在の祭典」は、新たな時代の幕開けを予感させる祭典となった。五〇万もの人々が集まったとされる祭典はパリだけでなく、全国各地に大きな反響を呼んだ。祭典への祝辞は全国から一六〇〇通以上届いたという。従来と違って、警察官らによる形式的な祝辞だけでなく、一般民衆から感動を伝える文章がいくつも届けられた。もともと祭典前から讃歌や礼拝について各地から提案がなされる熱狂ぶりで、住民が初めて全国的に「参加」できた祭典だったといえる。[7]
間違いなくロベスピエールは政治家として絶頂にあった。もっとも、冷笑する者もいた。ある議員は、古代ローマを引き合いに「カピトリヌスの丘〔政治経済の中心だったフォルム・ロマヌムを見下ろす丘〕からタルペーイアの岩〔裏切り者が投げ落とされた岩壁〕はすぐそばだ」と罵った。公安委員会の元委員チュリオ（ダントン派）は、「〔ロベスピエールは〕主人になるだけでは飽き足らず、神になるに違いない」と嘲笑った。[8]
「最高存在の祭典」以前から、ロベスピエールを「独裁者」や「暴君」とする批判はすでにあちこちで見られた。それを象徴する事件も起きていた。五月二三日（プレリアル四日）、ロベスピエールの住むデュプレ家に侵入しようとしたとして、一六歳の女性が逮捕されたのである。パリの文房具商の家に生まれたセシル・ルノーというこの女性は、取り調べでその理由を問われ、「五万人の暴君より一人の王のほうが良い」と述べたあと、こう打ち明けた。「暴君がどのような様子かを見たかった」。所持品からは、二本のナイフが見つかった。
前日には、「国立宝くじ取引所」職員だったとされるアンリ・アドミラという男が、同じ建物に住んでいた公安委員会委員のコロ・デルボワに発砲するという事件が起こった。供述によれば、最初はロベスピエールを狙ったが現れなかったため、コロ・デルボワに銃弾を二発発砲したという。

直後、ロベスピエールは自分の死が迫っていることを確信するかのような演説を議会で行った（五月二六日）。

> 結局、中傷や裏切り、反乱、中毒、無神論、腐敗、飢饉、そして暗殺と、あらゆる犯罪を惜しみなく生み出してきたが、彼ら〔陰謀家たち〕にまだ残るのは暗殺、次に暗殺、それからさらに暗殺である。だから喜ぼう、神に感謝しようではないか。われわれは祖国によく奉仕したがゆえに、暴政の短刀に値すると判断されたのだから（拍手喝采）（OMR X : 475）。

セシル・ルノー

このとき暗殺に怯えていたともいわれるロベスピエールは、直後に主宰した革命祭典で恍惚としながら何を思ったか。「最高存在」演説でも、自己犠牲の「覚悟」について改めて語っていた。「〔仮に他国に生まれたとしても〕注意深い私の魂は、君〔人民〕の栄光ある革命の全運動に飽くなき情熱で従っただろう。（中略）おお、崇高なる人民よ！　私の全存在を犠牲にしよう。君の中に生まれた者はなんと幸福か。君の幸福のために死ねる者はもっと幸福だ」。

サン＝ジュストが革命の再編を目論む中、ロベスピエールは本来の《民主主義》に必要な人民の《一体性》、さらには彼らと「代表者」との透明な関係性を、祭典を通じて創造し、恐怖政治からの脱却を模索したはずである。しかし、それが「暴君」到来の印象をさらに植え付けるものになってしまった。そして六月一七日、セシル・ルノーを含む暗殺未遂の容疑者ら五四名が処刑された。「大恐怖政治」とも呼ばれる、恐怖政治の最後の急加速が始まったのである。

第一七章　大恐怖政治

それはプレリアル二二日法から始まった

「ジェルミナルのドラマ」のあとも有力者の処刑が相次いだ。一七九四年四月二二日、憲法制定議会の議長にして、労働者の団結を禁止した法（九一年六月一四日）の提唱者として歴史に名を残すル・シャプリエが、反革命の容疑で逮捕・処刑された。ジャコバン・クラブの前身、ブルトン・クラブの創設者もギロチンの刃を免れなかったのである。そして同日、前年一二月に家族と共に逮捕・収監されていた、あのルイ一六世の弁護人、マルゼルブもついに処刑台に送られた。没年七二歳。自由と法に身を捧げた生涯だった。

ラヴォワジエと彼の妻（ダヴィド画）

　五月八日、公安委員会が県革命裁判所の廃止を再確認したこの日、「近代科学の父」と称されるアントワーヌ＝ローラン・ド・ラヴォワジエ（一七四三〜九四年）も、二七人の元徴税請負人の一人として処刑された。「ジェルミナルのドラマ」（第一五章）の際にすでに触れたように、革命の理想に背く具体的な犯罪というよりも、旧体制期の役職や地位に付随する憎悪や怨念にもとづく処刑、その象徴的な事例だったといえよう。ラヴォワジエを研究面でも献身的にサポートしたといわれる一四歳年下の妻マリ＝アンヌ・ピエレット・ポールズ（一七五八～一八三六年）は、徴税請負人の娘だった。

さらに、有力なブリソ派議員もこの頃、不遇の死を遂げている。「ジェルミナルのドラマ」が展開する中、獄中にあったコンドルセはひっそりとみずから命を絶った（三月二九日）。また、逃亡を続けていた元議員たちもいた。元パリ市長で一時はロベスピエールを凌ぐほどの人気があった、国民公会の初代議長ペティヨンは、他の議員と共にボルドー近くのサンテミリオンに潜伏していた。だが、サールやガデ、バルバルーが逮捕・処刑される中、ペティヨンはブリソ派の有力議員だったビュゾとともに拳銃で自決した。三八年の生涯だった。

かくしてパリでの裁判と処刑が増え、その簡便化・効率化が求められた。そこで提案されたのが、**プレリアル（草月）二二日法**である。六月一〇日（「最高存在の祭典」の二日後）に発出されたこの「革命裁判所に関する法令」は、五月八日法によって増えたパリの裁判を効率化し、事実上処刑を迅速化することを目的にしていた。パリの監獄は囚人で溢れ、七三〇〇人の「反革命容疑者」がそこに詰め込まれていたのである。そのため、同法は尋問を公開とし、物証で足りる場合には証人の喚問は実施せず、有罪の場合は極刑のみ、「陰謀家」の裁判には弁護士は認めないようにした。そこには、ダントンがその雄弁で裁判を長引かせたことへの教訓があり、また長引く審理の中、民衆が裁判に介入する余地を少なくしようという意図があったとされる(1)。

フランス革命の恐怖政治の中でも、プレリアル二二日法の制定は「大恐怖政治」の始まりといわれる理由が確かにあった。パリでは、革命裁判所が設置された九三年三月一〇日から同法が制定された六月一〇日まで、死刑判決の数は一日平均三名弱だった。それが、その日から七月二八日（テルミドールのクーデタの翌日）まで、死刑判決の数は一三七六名、一日平均二八名強に激増したのである。だが、山﨑耕一氏も指摘するように、それは裁判および死刑判決がパリに集中した結果であり、むしろ全国的には処刑は減っていた。それでも、「大恐怖政治」と語られるようになったのは、もちろんパリの住民が連日のように処刑を目撃していたこともあるが、なにより「政権」に対して批判的な勢力が抱いた不安の表明という側面があっただろう(2)。

クートン

「政権」といっても、その実、ロベスピエールとその周辺に対する不安である。五月八日法に続いて同法を提案したのも、サン＝ジュストと同じくロベスピエールの盟友だった、ジョルジュ・クートンだった。フランス中部オーヴェルニュの町に生まれたクートンは、同地の中心都市クレルモン＝フェランで弁護士として活動し、「虐げられた人びと」の弁護を担当して評判を得たという。もともと幼い頃から関節炎に悩まされ、二〇代後半頃から歩行が徐々に困難となり、移動には車椅子を必要とするようになったが、それでも革命が勃発すると、これに共鳴し、クレルモン＝フェランの裁判所の裁判長に就任、さらに九一年九月、三五歳のときに憲法制定国民議会の議員に選出された。

続いて国民公会議員に選出されたクートンは、山岳派の熱狂的な支持者となり、ロベスピエールの思想に共鳴、側近となる。演説の名手でもあった。プレリアル二二日法も、ロベスピエールの指示でクートンが作成したという印象を持たれてきたが、実際はクートンの主導で作成されたと考えられる。ロベスピエールが同法を支持したのは確かだが、作成段階で積極的に関与した証拠はない(3)。

いずれにせよ、恐怖政治に批判的な議員たちにとって、ロベスピエール「一派」が不安の根源であり、側近が主導していようがいまいが、元凶はロベスピエールにあった。少なくともそのような心象、「イメージ」が同法の制定によって先行して膨張していったのである。

プレリアル二二日法は「大恐怖政治」の始まりとともに、今から見れば恐怖政治の終わりを予告するものでもあった。その点で決定的に重要なのは、次に逮捕・処刑されるのは自分かもしれないという議員たちの恐怖とともに、同法をめぐって公安委員会内部に亀裂が生まれたことである。クートン、そしてサン＝ジュストは革命の再編を急ぎすぎたのである。そうした恐怖が、ロベスピエールの《一体性》への願望に反して再び深い亀裂、分裂をもたらすことになる。

フルーリュスの勝利

その中でロベスピエールの演説が同僚議員たちの不安と対立をいっそう深めたことは間違いない。クートンの提案を支持した国民公会での演説で、「今日ほど難しい状況はない」と切り出したロベスピエールは、いまだに陰謀家ないし「祖国の敵」がこの中にいると宣言、自由に対する犯罪を罰する革命裁判所の機能の強化をめざす同法案への支持を表明した。それは「真理」であり、同案への反対者はそれだけで分裂をもたらす「敵」であるとさえ言うのだ。

公共善への愛に等しく燃える人びとの間に分断があるのは自然ではない（拍手）。祖国の救済に献身する政府に対して、ある種団結して立ち上がるようなことは自然ではない。市民諸君、あなた方を分裂させようというのか（議場では「違う、違う」と至る所で声が上がる。「分裂させることはない」）。市民諸君、あなた方をたじろがせようとする者がいるのか。（中略）われわれは公共に対する暗殺者を追及するため、個人に対する暗殺者に身をさらしている。われわれは立派な死を欲するものであるが、国民公会と祖国は救われるだろう（拍手喝采）（OMR X：485）。

そして、演説はこう締め括られた。「祖国への愛に燃える人なら誰しも、その敵を捕え、打ち倒す手段を熱く歓迎するだろう」。それはあたかも「状況」（必然性）の論理に従って、革命裁判所を効率化する同法に反対する議論の余地は最初から排除されているかのようである。また、ここで「政府」の位置づけが変わっている。いまや自分たち（公安委員会）が「（革命）政府」であって、これに団結して反抗することは認められないというのだ。

翌日、公安委員不在の議場では、オワーズ県選出のブールドンが前日に提案されたプレリアル二二日法に対して、議員の弾劾・逮捕には国民公会の承認を必要とすべきだと主張、それを条文として同法に付け加えた。しかし次の日、クートン、そしてロベスピエールがすぐさま反駁した。

先の発言者は議論の中で、委員会を山岳派から切り離そうとしたのだ。国民公会、山岳派、委員会、これらは同一のものである（拍手）。自由を真に愛する人民の代表者はすべて、祖国のために死を覚悟する人民の代表者はすべて、山岳派である（議場では新たに拍手が広がり、国民公会議員たちは立ち上がって賛成と忠誠の意を示した）（OMR X：492）。

ブールドンは、自分が「党派の長のように」されるのは本意ではないと言って反論を試みようとしたが、ロベスピエールは私がまだ発言していると制して演説を続けた。「そう、山岳派は純粋で崇高であって、陰謀家は山岳派ではないのだ」。こうしてロベスピエールの陰謀論が再び前景化し、このダントン派に近い議員が前日に行った提案は取り消された。

これに対して、ロベスピエールとその周辺への批判や怨恨が徐々に顕在化してくる。この頃公にされた事件として、五月一二日に保安委員会に逮捕されたカトリーヌ・テオ（一七一六〜九四年）という女性の事件があった（六月一五日に議会で同件が報告された）。彼女は自称預言者で、ロベスピエールは「最高存在の代理人」で神聖な使命を帯びていると唱導していた。そこで、保安委員会は彼女を逮捕したのだが、それはサン＝ジュスト主導で公安委員会に――それまで保安委員会の管轄だった――警察の部局が設置されたことへの腹いせだったともいわれる。彼女を敵国

「最高存在の代理人」を指差すカトリーヌ・テオ

イギリスの手先として扱い、ロベスピエールの評判を落とそうとしたのである。

他方で、対外戦争の方は戦況が好転しつつあった。九四年春には、ヴァンデの「反乱」がほとんど鎮圧され、その兵力を対外戦争に向かう部隊に差し向けることができ、旅団の再編成が進んだ。南部では、革命軍がピレネー山脈付近の各地を奪還しスペイン軍を追い払うことに成功した。ベルギー戦線でも勝利が続いた。六月二五日には、七万五〇〇〇人のフランス軍が五万二〇〇〇人のオーストリア軍と対峙し、翌日フルーリュス（シャルルロワから約二〇キロ北東にあるベルギーの町）付近でフランスの勝利が決定的となった。このフルーリュスの戦いは、初めて気球が戦地に投入され、フランス軍の情報収集に大いに活用されたことで知られている。

戦勝の知らせは国民公会にも逐一届けられ、毎週のように祝われたが、フルーリュスの勝利を大々的に祝賀する行事は行われなかった。政府が暴動に発展することを警戒したためともいわれる。また、対外的な危機感が薄らいでゆくと、国内の対立が露見するようになる。政府（公安委員会）内部では、主に軍事部門を担当するロベール・ランデやラザール・カルノと、フルーリュスの勝利にも派遣議員として立ち会ったサン＝ジュストらとの主導権争いが激化した。

なお、サン＝ジュストがほとんど北部に派遣されていたプレリアル一ヶ月間の法令七六二通のうち立案した個人が特定できるのが約六〇〇、そのうち、ランデとカルノがそれぞれ約二一〇と一八〇通発令したのに対して、ロベスピエールはわずか一四、クートンは八通の発令にとどまった(4)。このように公安委員会の「支配」は込み入っており、少なくとも特定の誰かの「独裁」があったなどといえるほど単純なものではなかったのである。

フルーリュスの勝利の翌日（六月二七日）、ロベスピエールはジャコバン・クラブで、対外的な危機がいったん去ると対内的な危機が顕在化する、あるいは裏で拡大すると訴えた。

ここで素直に打ち明ければ、われわれが外国の敵を打ち負かせた瞬間は、国内の敵がこれまでになくぬけぬけと彼らの卑しさと図太さをさらけだす瞬間である。われわれは暴君に対する勝利を勝ち取ったとき、隠れた中傷や裏切りの陰謀が目覚め拡大することで国民公会を消滅させ、われわれの仕事の成果を剝奪しようとしていることに気づかされるのだ（OMR X : 506）。

さらに次のように言うとき、議場にいた議員たち、とりわけかつて地方で過剰な弾圧を実施したためパリに召喚された、脛に傷をもつ議員たちはどう思っただろうか。「公安委員会は国民公会の議員全体、また尊敬すべき個々の議員を攻撃しようとしているなどと信じさせようとする、堕落した人間の一団がいることを知ってほしい」。ひどく恐怖したことは想像に難くない。ここでロベスピエールにとって国内の「敵」とは、**革命の原理**を踏み外したという意味で――ジェルミナルのドラマのときのように金銭的にも——腐敗した、《一体性》を乱す議員とその周辺の人間たちだった。

同演説では、テオ事件にも言及されている。ロベスピエールによれば、その事件を明るみに出そうとした人びとの背後で真の陰謀が隠されようとしている。彼はそれを狂信家たちの「エベール主義」と呼ぶ。「あらゆる狂信家たちは、危険な信心家（＝テオ）の仮面の下にみずからを隠し、さらけ出されるのではないかという恐怖を隠している」。「エベール派」（の残党）が一人の女性を使って「最高存在の祭典」をパロディー化することで、祭典の「崇高で感動的な印象を消し去る」手段として同事件を利用し、己の罪から逃れようとしているのだと糾弾した。

ロベスピエールが内部に党派＝「敵」が存在すると発言し、「良き市民の第一の義務は、だからそれを公に告発することである」と言えば言うほど（七月一日ジャコバン・クラブ）、内部の人間は不安に駆られ、この苦境をなんとか脱しなければならないと思うのはなかば必然だった。

「孤独な愛国者」

革命裁判所に関するプレリアル二二日法は、政権内部の対立を決定的にし、対外的な危機の後退がそれを表面化させる遠因となった。ついにメシドール（収穫月）一一日（六月二九日）、公安委員会と保安委員会の合同会議の席上で、ラザール・カルノがサン＝ジュストに向かってこう言い放った。「君とロベスピエールは愚かな独裁者だ」。

ロベスピエールはどう反論したか。いや、彼は反論することなく、退場してしまったのである。

その後、失脚する直前まで彼が公安委員会そして議会に姿を現すことはなかった。この態度をどう理解したらいいだろうか。このとき、ロベスピエールの人気はかつてほどではなく、「独裁者」と批判する手紙もいくつか届いていたとはいえ、なお根強い人気を保持していた。ただ、その発言は議会ではなく、彼らが孤立しつつあった委員会でなされたことは記憶されていい。

政治家ロベスピエールの精神はここに立ちすくみ、前進を止めたわけではない。自身のフィールドであるジャコバン・クラブの演壇に立ち、弁論を続けたのである。二日後、同クラブで登壇したロベスピエールは、「神が私を暗殺者の手から引き離すことを真に望んだのであれば、それは私にまだ残る時間を有効に使うよう責任を負わせるためである」と、革命の成就に身を捧げる覚悟を改めて示した(OMR X : 514)。そのうえで、革命裁判所は国民公会を打倒し自由を破壊するために組織されたというデマが広がっていると指摘、ロンドンでは自分のことが「独裁者」と呼ばれ、パリでも同様な中傷がなされていると訴えた。

パリでは、革命裁判所を組織したのは私であり、この裁判所は愛国者と国民公会の議員を破滅させるために組織されたのだといわれる。そして私が国民代表の暴君であり圧政者として描かれている。(中略) まさにそうすることで、人びとは〔真の〕暴君たちを許しているのであり、勇気と美徳だけを持つ孤独な愛国者を攻撃しているのだ……。

ここでみずからを「**孤独な愛国者**」と称している。この言葉には、そのときの彼の思いが表白されているだろう。これに対して傍聴席にいたある市民が「ロベスピエール、すべてのフランス人があなたの味方だ」と叫ぶ声が聞こえたが、「清廉の人」は決然として吐露した。

真理は犯罪に抗する私の唯一の隠れ家である。私は信奉者も賛辞も欲しない。私を弁護するものは、自分の良心の内にあるのだ。私に耳を傾けてくれる市民には、思い出してほしい。もっとも無垢で、もっとも純粋な歩みが、中傷にさらされたことを……。

なるほど、暴君の権力では「私の勇気」を挫くことはできず、依然として「私は自由と平等を同じ熱情で擁護するだろう」。しかし、その擁護は「自分の良心」の内で行われるというのである。ここには、修辞《レトリック》以上の意味があったのではないか。彼の精神史を振り返れば、青年ロベスピエールがめざしたのは「名誉」ではなかったことが思い出される。

第二章「『名誉』を超えて」に記したように、彼はかつて君主政のもとで人間が求めたような他者に評価される「名誉」を否定し、それ自体として価値のある（共和政の原理であるとされる）《美徳》の必要を説いた。それは〈哲学的〉名誉とも言い換えられ、次のように説明していた。

哲学における名誉とは、気高い純粋な魂がそれ本来の威厳のために持つ甘美な感情以外のものではなく、理性をその基礎とし、義務感と一体となるものです。それは、神以外に証人はなく、良心以外を判断規準としないもので、他人の視線からも離れて存在するものでしょう

（一七八四年四月アラス王立アカデミー入会演説）。

ロベスピエールが合同会議から退場したとき、彼の精神は自分の良心、内面のうちに退却してしまったのではないか。しかし、それは他人から見れば文字通り「後退」だったかもしれないが、彼本人にとってはおそらくそうではなかったはずである。彼が希求した共和国は内面で一致しているという意味で《透明》の共和国でなければならなかったのだから。

その後、ロベスピエールは何度かジャコバン・クラブの演壇に立つが、その多くは革命政府への敵対者たち、カリエやフーシェ、バラス、フレロン、タリアンといった有力議員の「陰謀」を告発するものだった（七月九日）。彼らはいずれも、諸地方で反革命と称して市民を容赦なく弾圧した者たちである。ロベスピエールは同クラブを追放されたフーシェについて、「卑しい軽蔑すべき詐欺師」と呼んで糾弾した（七月一四日）。「恐怖は彼ら（＝旧エベール派）が愛国者たちに沈黙を強いる手段だった。彼らは沈黙を破る勇気を持つ人びとを監獄に投げ込んだのだ。これこそ、私がフーシェを非難する犯罪である」。その日は奇しくも、フランス革命五周年の記念日だった。

議員同士の不和が深まる中、民衆の間でも革命や戦争への疲れが徐々に広がりを見せ始める。フルーリュスの勝利に続いて七月なかば頃になると、首都パリでは友愛宴会なる市民運動がにわかに活発になる。それは、夜になると住民たちが集まって議論し、革命の終わりを願うものだったが、そこには革命政府や革命裁判所は終わってほしいという期待が暗に含まれていた。

七月一六日、ベルトラン・バレールは議会で、同宴会について「エベールやショーメットの遺言執行人」による新たな陰謀であり、「純粋な感情と不実な意図、共和的な行為と反革命的な原理の危険な融合」だと非難した。

その夜、ジャコバン・クラブでバレールに続いて登壇したロベスピエールは、彼らは「友愛」という意味を履き違えていると批判した。「友愛は美徳の友のためにしか決して存在しえない」のであって、「不協和」（＝革命政府批判）があるところに友愛は存在しえず、それは友愛に値しない、つまり愛国者ではない。「友愛は心の一致であり、原理の一致である。愛国者は愛国者としか調和することができない」。そのような熱情的な〔＝真の〕愛国者に反対する運動には、陰謀家が巧妙に紛れ込んでいるのだ（OMR X : 534）。

ジョゼフ・フーシェ

そう告発したロベスピエールの友敵の論理に透けて見えるのは、分裂への異常な恐怖である。「人民がそれに真に値する姿で現れ出るのは、その敵から分離されたときだけである。（中略）しかし、われわれが人民をテーブル〔農民が地代を納めた台〕によって分断させるなら、それはもはや人民ではない。それは党派でしかなく、愛国者とアリストクラートの混合である」。

さらにはこう述べる。「われわれを一致させるのは、美徳と友情の神々しい魅力である」。ここでロベスピエールは一体としての〈人民＝民衆〉と彼らによる《美徳》ある共和国を称揚する反面、現実に運動する民衆からはかなり飛躍したところに行ってしまったのではないか。

「ロベスピエールはパリを理解せず、もはや耳を傾けていない」と、ロベスピエールの著名な伝記作家は友愛宴会に対する彼の態度について記している。(5) なぜ、このようなことになってしまったのか。それは彼自身が唱えた革命の理想の結果だったのか。クーデタ前夜だった。

第Ⅴ部　最期

第一八章　失脚

最後の演説

ひと月以上にわたって姿を見せなかったロベスピエールが国民公会の議場に現れた。一七九四年七月二六日、テルミドール（熱月）八日のことである。これまで、議会やジャコバン・クラブで六三〇回以上の演説を行ない、聴衆を魅了してきた革命家が、**最後の演説**に臨もうとしていた。欠席中も独裁者や暴君という非難を受け、政府や公安委員会を分裂させようとしたと中傷されてきたロベスピエールは議会で反論し、自己弁護をする必要に迫られたのである。

いつものようにロベスピエールは、共和国あるいは国民公会を危機に陥れた「暴君」としてブリソやダントン、エベールら、お馴染みの名前を挙げたあとで、危機は終わっていないと述べて本題にはいる（OMR X : 543-576）。〈われわれ〉をなお攻撃しようとする「怪物たち」がいるのだ。

あなた方は、敵が前進していることを知っていよう。彼らは一斉に国民公会を攻撃したが、その企ては失敗した。彼らは公安委員会を攻撃したが、その企ては失敗した。しばらくして、公安委員会の特定のメンバーに宣戦布告し、一人の人間を打ちのめしたがっているように見える。彼らはつねに同一の標的に向かって進んでいる。

ロベスピエール研究者ルウェルスにならって、この件《くだり》で中傷されている対象が〈われわれ〉から《私》に移行していることに注目しよう。[1] 実際、ロベスピエールは続けてこう問いかける。「国民公会の何人かの議員を犠牲者として名指ししたおぞましいリスト〔の存在〕が吹聴され、それは公安委員会が作成したもの、さらには私自身が作成したものといわれているのは本当なのか」。

この種のレトリックには、《私》個人に対する中傷、その不当さを際立たせる効果がもしかしたらあるかもしれない。革命裁判所についても、こう再述している。「ロベスピエール。人びとは、革命裁判所が私だけによって作られた血の裁判所であり、私があらゆる有徳者やあらゆる詐欺師も完全に切り殺すために利用していると証明することに固執している」。

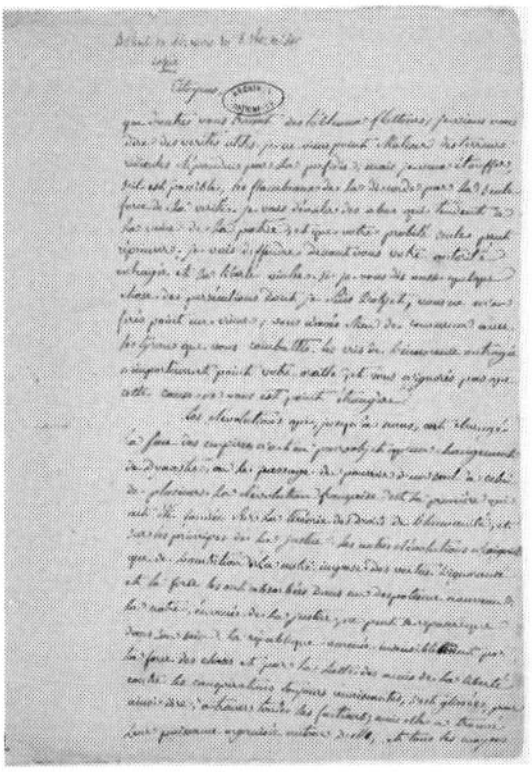

「最後の演説」原稿

ただ、ここでやはり注意したいのは、共和国（政治）の問題が図らずも《私》個人の問題に回収されてしまっているのではないか、ということである。演説中盤のクライマックスでは、《私》の「不幸な意識」が語られる。

私は何者なのか？　人びとが告発する私とは？　自

由の従僕、共和国の生ける殉教者、犯罪の敵である以上に犠牲者。（中略）私から良心を取り除いてみよ。私は生きている中で最も不幸な人間である。市民の権利も享受していない。私は何者なのか？　私には人民の代表の義務を果たすことすら許されない。

こうして《私》意識が横溢したのは、ロベスピエールが現実の民衆から離れていったのとはちょうど反対に、現実の共和国が《美徳》の共和国から離れていってしまったと彼には感じられたためだろう。「私の心性ではなく理性は、まさに自分がかつて構想を描いたこの徳の共和国を疑おうとしている」。

ここで「清廉の人」は、理想の共和国、《民主主義》への殉教の道を選んだように見える。それでもロベスピエールは、この（＝現在の）共和国の実験をまったく諦めてしまったわけではなかっただろう。

演説の終盤では、現実の共和国にとっての「敵」の存在を改めて指摘し、危機を訴えるのである。確かに、前章で指摘したように国外の戦況は好転し、国民の危機意識は緩和されてきていた。しかし、ロベスピエールによれば、軍事面で成功しても、それが革命の原理を定着させることにつながっていない。フランスがヨーロッパを従わせるのは戦争によってではなく、法であり討議であり原理によってでなければならないのだ。

これから第二、第三のデュムリエ将軍（第一一章）が出てこないともかぎらない。「われわれの敵は後退しているが、われわれは内部に分裂を残している。（中略）将軍の間に分裂の種が蒔かれたのだ」。さらに、「国内の状況はこれまでよりもはるかに危機的である」と言って、三名の議員（財務委員会メンバー）を名指ししながら、演説は内政の危機に話が及ぶが……。

いまやこの種の「危機」の言説、あの「状況」の理論が神通力を持ちうる情勢ではなかった。なにより、多くの議員が保身からロベスピエールとその一味に対して恐怖を抱き怯えるような状況では、二時間にも及んだ冗長な演説が以前のような熱狂で受け入れられるはずもなかったのである。なにより、今回彼は公安委員会などを代表しているわけではなく、まったくの一議員として演説したのだった。

続く討議では、この演説原稿の扱いが問題になった。そのとき、対立や不満が表面化する。以前（第一七章）プレリアル二二日法に異議を唱えたブールドンが演説原稿の印刷に反対し、印刷するとしても事前に公安・保安両委員会の検討に付すことを要求した。これに対して、ベルトラン・バレールがフランスの一市民の立場から印刷を求め、さらにクートンが全国への配布を提案、いったん了承された。しかし、この議論をきっかけにして、「**自分は狙われているのではないか**」と感じていた議員たちが次々と介入し、討議は白熱してゆく。

ヴァディエはテオ事件を持ち出し、また、終身年金（改革）をめぐってロベスピエールと対立していたカンボンは、「一人の人間が国民公会の意思を麻痺させた」と糾弾した。さらに、フレロン、続いてエティエンヌ゠ジャン・パニが、「自分の好きなようにジャコバンの人間を排除してきたロベスピエールを非難する」と訴え、こう皮肉ってみせた。「私は彼が他の人より強い影響力を持たないことを望む。彼がわれわれを処刑リストに入れたかどうか、彼が作成したリストに私が載っているかどうかについて話すことを望む」。

パニは以前保安委員会に属しながら、同僚議員に便宜を図った見返りに金銭の受領をしたために同委員会から排除された経歴を持つ。ただ、このパリ（セーヌ＝エ＝オワーズ県）選出の議員の言葉は、議場にいた多くの議員の本音を代弁していただろう。この討議のやり取りからわかるのは、ロベスピエールのことを独裁者や暴君と議場で批判することがそこまで抵抗なくできるようになっていたということ、その一方で、「**自分は狙われているのではないか**」、「処刑リスト」――そうしたものがあったという「事実」はないが――に自分が入っているのではないかという不安を抱えた議員が多くいたということである。

結局、ブレアールという議員の動議により、演説原稿を市町村へ送付するという法令は取り消され、それは国民公会の議員だけに配布されることに決まった。事実上、ロベスピエール側の敗北である。なにより、開会前に一部で形成されていた反ロベスピエールの共謀が広く支持される状況を、**最後の演説**自体が作り出すという効果を持ったことは否定できない。

演説後、部屋に戻ったロベスピエールは、午前の議論を振り返って、こう穏やかに語ったという。「山岳派からこれ以上なにも期待しない。彼らは暴君として私を排斥することを望んでいる。だが、国民公会の大部分はいずれ私を理解してくれるだろう(2)」。

運命の日

その晩、ロベスピエールはジャコバン・クラブで国民公会と同じ演説を行なった。ビヨ＝ヴァレンヌやコロ・デルボワによる妨害工作が行われる中、敢行された演説だった。ビヨ=ヴァレンヌとコロ・デルボワは、カルノがサン=ジュストに向かって「君とロベスピエールは愚かな独裁者だ」と非難した際（六月二九日）、同じく「独裁者」と叫んだ者たちである。もともと九三年九月五日にサン=キュロットが国民公会に押し寄せる中、公安委員会に迎えられたエベール派議員たちだった（第一三章）。

それでも、ロベスピエールの同クラブでの最後の演説は激しく歓待された。同志を擁護することと、負けても彼と共に朽ち果てることを会員たちは誓い合ったのである。演説後、彼はジャコバンの聴衆に向かって、「あなた方が聞いたこの演説は、私の遺言である」と言い残した。[3] まさに死の覚悟を表明した言葉だっただろう。あとから振り返ると意味深長である。

ジャコバン・クラブの演説（テルミドール８日夜）

翌日、テルミドール九日、運命の日を迎えた。朝、国民公会に向かう前、身を案じるデュプレ家の人びとに対して、「清廉の人」は彼らを安心させようと、次のように語りかけたとされる。「国民公会の大部分は純粋です。安心してください。私はなにも恐れてはいません」[4]。

午前一一時、議会が始まった。まず書簡が朗読され、陳情者たちの発言が次々となされたあと、正午頃にサン=ジュストが演壇に上がった。この間、表舞台から姿を消していた革命家の精神の苦悩を代弁しながら、前日のロベスピエールと同種の演説を開始した。

ところが、演説は妨害された。議事進行を理由に演説を妨害したのは、ジャン＝ランベール・タリアンという名の議員だった。このパリ（セーヌ＝エ＝オワーズ県）選出の議員の介入が、ロベスピエール失脚の決定的な流れを作ることになる。少し長いが、彼の演説を引用しよう。

私は今しがたヴェールを引き裂くことを要求した。今や喜びつつ認めることができるのは、ヴェールは完全に引き裂かれ、陰謀者たちの仮面《マスク》は外され、彼らはただちに滅亡させられ、自由が勝利するだろうことである。（拍手喝采）すべてが告げているのは、国民代表の敵は打撃を受けて倒れようとしていることだ。われわれは生まれてくるわれらの共和国にわれらの共和主義的忠誠のあかしを与える。私がこれまで沈黙をしいられたのは、フランスの暴君に接近した人間から、彼が追放リストを作ったことを知ったからである。（河野健二訳）

続いて、憲法制定国民議会からの議員で、穏健な平原派（第一〇章）を代表していたバレールも、このところの革命政府の変質に言及し、一人の人間が大多数の人びと、有力な人民協会の意思を独占すれば、「彼は徐々に世論の支配者になる」と暗にロベスピエールを批判した[5]。ただ、その批判は生ぬるく、もっと過激な言動が必要とされ、タリアンが一線を越えた演説を続けた。

私は非難の仕返しを望まなかったが、昨日、私はジャコバン・クラブの集会を見た。祖国のために身ぶるいした。新たなクロムウェルの軍隊が作られるのを見たのだ。もしも国民公会がその告発を指令する勇気をもたないなら、彼の胸を突くための短刀を私は用意する。（拍手喝采）

短刀で脅しながら「暴君打倒」を叫んだタリアンにビヨ＝ヴァレンヌが続く。

私は繰り返すが、われわれすべては名誉を保って死ぬだろう。なぜなら、ここには暴君の下で生きのびたいと思うただ一人の代議士もいるとは信じられないからだ。（そうだ、そうだ！　あらゆる場所からの叫び。暴君くたばれ！　ながく続く喝采）公会やジャコバン・クラブで、たえず正義や美徳について語る人間は、可能なときにはそれを足下に踏みつける人間である。

国民公会でタリアンが短刀で脅す様子

この過激なエベール派議員が「暴君」の寛大さをかつて非難したことなど今となっては誰も覚えていないかのようである。議員たちは、「そうだ！　そうだ！」と同調した。さらに、タリアンが「暴君」のジャコバン・クラブでの演説に再び触れながら、畳みかけるように非難を続ける。「そこでこそ私は暴君に出会い、そこにこそ私はすべての陰謀を見いだす。この演説のなかに、真理、正義、公会と並んで、私はこの男を打ち倒すために武器を見いだしたい」。この「暴君」打倒の情念、しかも実力行使にまで出ようとした人物の動機は何だったのか。

ロベスピエールも、演壇に立って反論しようと試みるが、妨害にあってできない。前日も彼を糾弾したカンボンが、「クロムウェルを倒せ！」と叫喚すれば、ヴァディエはタリアンとともに「臆病な暴君」の告発を要求した。まさに議場における「暴君」への非難は付和雷同の様相を呈した。公会では多数を占めた**平原派**と呼ばれた中間派も、その告発に消極的であれ積極的であれ賛同したといえる。これに対して、正式に反論することが叶わなかったロベスピエールは、反発の意志を示すかのように、**「私に死を与えることを要求する」**と主張した。

そこで、数名の議員が「逮捕を裁決せよ！」と叫ぶと、あっという間に全会一致で逮捕が決議された。ロベスピエール兄弟、サン＝ジュスト、クートンの逮捕が決定されたのである。加えて、「私もまた逮捕されることを要求する」と述べたルバの逮捕も決定された。

夕刻、五人の議員は議場の外に連れ出され、別々の監獄へ護送されることになった。ロベスピエールは議場から一・六キロ南に位置するリュクサンブール監獄に送致された。そこは奇しくも四ヶ月前、ダントンやデムーランが逮捕されたときに送られた監獄だった。

「テルミドールの聖母」と呼ばれて

以上の逮捕劇は、もちろん自然発生的に起こったわけではない。政敵や「金儲け主義の連中」、野心家や「嫉妬深い連中」は「清廉の人」を憎悪していた。そこで、脛に傷を持つ議員たち、フーシェ、バラス、フレロン、そしてタリアンらが中心になって計画が立てられた。やらなければやられるとばかりに、処刑予定者リストなるものを自分たちで作成し、リストに載っているとされる議員にそれを見せながら、ロベスピエールとその一味の失脚の必要性を訴えたのである。

前述のように、その計画を当日実行に移したとき、決定的な役割を果たしたのがタリアンだった。ただ、彼の背後ですでに決定的な役割を果たした人物がいた。「暴君」の最期を見届ける前に、彼らについて革命の来歴とともに少し振り返っておこう。

ある一九世紀の事典[6]によれば、一七六七年一月、タリアンはパリにある貴族の邸宅の執事の息子として生まれた。侯爵の支援で教育を受け一時は弁護士の助手をしていたというが、革命が起こるとその理念に共鳴、新聞の印刷作業所の現場監督を経験したあと、新聞『市民の友』を創刊する。それは週二回の発行でパリの壁に張り出され、人民協会でも一目置かれるようになった。

ロベスピエールが「美しい革命」と呼んだ八月革命に参画しただけでなく、九月虐殺にも関与したとされる。タリアンはその後議会で演説する機会を得ると、パリのコミューンは民衆による虐殺を止めるためにあらゆる努力をしたと釈明する一方、処刑執行に対する民衆の献身を称え、被害者には極悪人しかいなかったと証言した。実際、彼はマラによって作成された囚人の処刑を命じる回状を地方に送ったとされる。それはロベスピエールが流血を嫌悪した事件だった。

その「実績」を提げて国民公会の議員に選出されると、タリアンは最初の議会でさっそく九月虐殺とともに、それを煽動したとされるマラを擁護した。また、その年国王の処刑を支持したあと（処刑日に議長に指名された）、地方の「反乱」を鎮圧するために西部に派遣された。そこでタリアンは、反革命派＝王党派を弾圧した。さらに、パリで「五・三一蜂起」が起こると、熱狂的にこれを歓迎し、政敵（ブリソ派）は**法の外にある**と宣言したのである。

そして革命政府が樹立された日、全国に恐怖政治体制を布くべく、格好の人物としてボルドーに派遣されたのもタリアンだった。だが、彼は古代ローマからの歴史を持つこの港湾都市で運命的な出会いをする。その出会いは、革命の帰趨にとってもある意味で運命的だった。

タリアンは、同地でも激しい弾圧を実行したことで有名である。執務室の窓から処刑を眺めるのを日課にしていたともいわれる。その人物があるときから、殲滅の手を緩めるようになった。なぜか。ある一人の女性との出会いが原因だった。その人の名はテレーズ・カバリュス（一七七三～一八三五年）、スペイン有数の銀行家の娘で、フォントネ侯爵の妻だった（結婚したのは一五歳になる前、革命勃発前年の一七八八年だが、国王の処刑後、わずか五年ほどの結婚生活にピリオドを打ったため、タリアンと出会ったときには前侯爵夫人となっていた）。

タリアンに面会を求めて来た彼女は囚人の身だった。この派遣議員は、そのとき恋に落ちてしまう。いや、彼女がパリにいた頃にも実は何度か会ったことがあり、「美しい」と心を奪われた経験をすでに持っていた。そこで、この女囚を解放し愛人にすると、タリアンは彼女の意見を容れるかたちで反革命派への弾圧の手を緩めたのである。もちろん、その「変貌」は周囲に怪しまれないわけがなく、その後パリに戻ったタリアンはしばらく自身の正当化に努めることになる。テレーズの方はというと、タリアンを籠絡し、革命家たちを懐柔する一方で、カバリュス一族が手広く海運業を行う港町で火薬工場の経営に乗り出した。

タリアンは、己の嫌疑を晴らそうと、議会では貴族や穏健派を過剰に糾弾し、革命裁判所のぬるさを非難することで多くの議員から支持され、再び議長に選出されることに成功した。しかし、その「変貌」に騙されない議員がいた。ロベスピエールである。遅れてパリにやってきた前侯爵夫人に対して、公安委員会が逮捕状を発行するのを主導したのも「清廉の人」だった。

九四年六月一日、ロベスピエールはタリアンが愛国者たちを騙そうとしたことを非難するとともに、数日後にもジャコバン・クラブでその非難を続け、同クラブから彼を追放することが決まった。このとき、タリアンが政治家生命に絶望するだけでなく、身の危険も感じたとしても不思議ではない。しかも、その後まもなくして制定されたのが、パリの裁判を効率化して処刑を迅速化させることを目的にした、あのプレリアル二二日法（六月一〇日）だった。

テレーズ・カバリュス

これに呼応するかのようにして、同月一五日に議会でテオ事件の報告があり（この自称預言者は五月一二日に逮捕されていた）、六月二九日にはロベスピエールが「愚かな独裁者だ」と糾弾された。こうした「暴君」糾弾の流れが加速する文脈は、タリアンが糾弾された時期と一致する。実際、彼ら派遣議員を中心に、失脚のシナリオが練られていたのである。
他方で、このとき舞台裏で重要な役割を担ったのはフーシェである。表舞台の役者に気をとられて「舞台監督の仕事」を見逃してはならないと、ツヴァイクは言う。実際、「フーシェは当時もっとも命の危ない男であり」、そのため人びとの憎悪を、いわゆる〈**マラ的なもの**〉を煽って利用することに心を砕いた。「ここにフーシェの本領を発揮する活動がはじまる。朝早くから夜おそくまで、彼は次から次とこっそり議員たちを訪ねて、ロベスピエールが計画している秘密の新しいブラックリストのことをささやいた。そして誰にでも一人一人『君もリストに載っていますよ』とか、『君はこんど追放される番ですね』とか耳打ちしたのである」(7)。

このとき身の危険を感じたのは議員だけではない。いや、むしろ彼らよりも命の危険を感じていたのは、テレーズ・カバリュスその人だった。彼女が再逮捕された数日後、プレリアル二二日法が制定されたのであり、次に処刑されるのは自分だと考えないではいられなかった。もちろん、彼女がロベスピエールに糾弾されている人物の愛人であることは、革命家たちには周知の事実だった。

そこで、クーデタの計画を知ったテレーズは、自身が収監されていたラ・フォルス監獄から、ロベスピエールが最後の演説を行った日に手紙を出す。その宛先はもちろんタリアンである(8)。

警察の役人が〔今〕ここから出て行きました。私は明日裁判所に送られ、すなわち処刑台に上がるのだと告げに来たのです。それは、私が昨日見た夢とはあまりに違います。――ロベスピエールがもはや存在せず、刑務所の門が開かれていた〔という夢です〕。おそらくそれを実現するには、一人の勇気ある男の人がいれば十分でしょう。しかし、あなたのどうしようもない臆病さのおかげで、そのような善行に与《あずか》れる人は残っていないでしょう。さようなら。

これに対して、「私が持つことになる勇気と同じくらいの慎重さを持ってください。とにかく頭を冷やしてください」と返信したタリアンは、翌日、彼女に求められた「勇気」を示す覚悟をすでに決めていただろうか。とにかく絶望することは思いとどまるよう、愛人に懇願している。ここまで「臆病さ」を詰《なじ》られた男はかえって殺《や》る気になったに違いない。テレーズはバラスなどによって手紙を書くように勧められたという説もあるが、どちらにせよ、彼女はタリアンの感情を逆撫でするような言葉をあえて選んだ。議場で短刀をかざしながら政敵を糾弾し、追い詰めていったあの情念の背後には、彼自身の恐怖とともに、愛人の恐怖と教唆があったのだ。その後に釈放されたテレーズは「テルミドールの聖母」と称えられることになる。

ここまで、少し話を本筋から脱線させて一人の革命家の略歴をやや仔細に見てきた。それはもちろん、ロベスピエールを最終的に失脚に追いやった人物の行動原理を確認するためではあるが、と同時に、ロベスピエールという人物とその思想を葬る革命の来歴、その動因を理解するうえで彼ら派遣議員とその周辺の行動原理を確認しておくことは有益だからでもある。

ともあれ、ロベスピエールは殉教への最後の歩みを始めた。その覚悟が彼にはあった。だが、思わぬ事態が起こる。監獄に着くと、管理人たちが開門を拒否したのだ。「清廉の人」を投獄しようとする者などいなかったのである。そこでロベスピエールらは最後の戦いの地、パリ市庁舎に向かった。

第一九章 「独裁者」の最期

署名の謎

ロベスピエールらの逮捕が伝えられると、パリ市は蜂起を宣言した。と同時に、国民公会によって国民衛兵司令官の職を解かれたアンリオに兵士を集めるよう求め、パリの各セクション（地区）に対してロベスピエールを守るよう指示を出した。午後五時半頃のことである。

四八あるセクションのうち、部隊を出したのはわずか一六、それでも国民公会に突撃することは可能だったが、ロベスピエールはそうしなかった。民衆の中に無力感が漂っていたのは確かだ。「市民よ、武器を取れ」といった言葉に大多数の住民は聞く耳を持たなかったのである。馬に跨ったアンリオは、憲兵を引き連れてサン＝トノレ通りを横切ると、道路工事をする労働者の一団に遭遇した。「諸君の父が危機にある」とアンリオが叫ぶと、労働者たちは「共和国万歳！」と唱和したのち、何事もなかったように仕事に戻ったのだった(1)。

国民公会が開かれているチュイルリ宮殿の近く、パレ＝ロワイヤル広場に出たアンリオは、愛国者の議員たちが逮捕されようとしていると再び住民に叫んだ。すると、群衆の一人はこう返したという。「耳を貸すな。奴はお前たちを騙そうとしている悪党だ。逮捕状が出ている。我々は奴を逮捕しなければならない」。アンリオにはもはや民衆を動員する力はなかった。

同じ頃、その広場にある劇場は普段と同じく開演の時を告げようとしていた。ちょうどレピュブリック（共和国）劇場で演じられようとしていた題目は、詩人で劇作家ガブリエル＝マリ・ルグヴェによる『エピカリスとネロ』だった。ネロとは言うまでもなく古代ローマの「暴君」で、エピカリスは古代ローマの解放奴隷の女性、ネロ暗殺（ピソの陰謀）を企てた一人だ。

それでも、フランス革命の立役者たちが人生の終幕を迎えようとしているとき、すべての民衆が無関心を決め込んでいたわけではない。彼らは総じてロベスピエールを見捨てることはなかった。リュクサンブールの監獄から市庁舎に向かう馬車は、二〇〇〇～三〇〇〇の住民たちに曳航されるように伴われた。そこでは「ロベスピエール万歳」の声が響きわたった。

これに対して、夜七時頃に議論を再開させていた国民公会の対応は早かった。ロベスピエールが市の役人たちに歓迎され支持されているという情報が飛び込んでくると、一〇時半頃、「これらの役人たちを法の外に置くことを要求する」とある議員が主張、議場では「法の外、法の外だ」と喚声があがった。そして、ロベスピエールら五人の議員も**法の外に置くこと**が宣言されたのである。同時に、元軍人で、マルセイユやトゥーロンでは派遣議員として激しい弾圧を行なったポール・バラスをパリの軍司令官に任命、ロベスピエールの逮捕に向かわせることを決議した。

ロベスピエールが市庁舎に入ったとき、前にあるグレーヴ広場にはセクションの部隊が集まっていた。だが結局何もしないまま夜がふけた。日付が変わった頃には人びとは帰り始め、午前二時を回ると解散してしまったのだ。そのとき、バラスに率いられた部隊が市庁舎に突入した。

ロベスピエールの逮捕

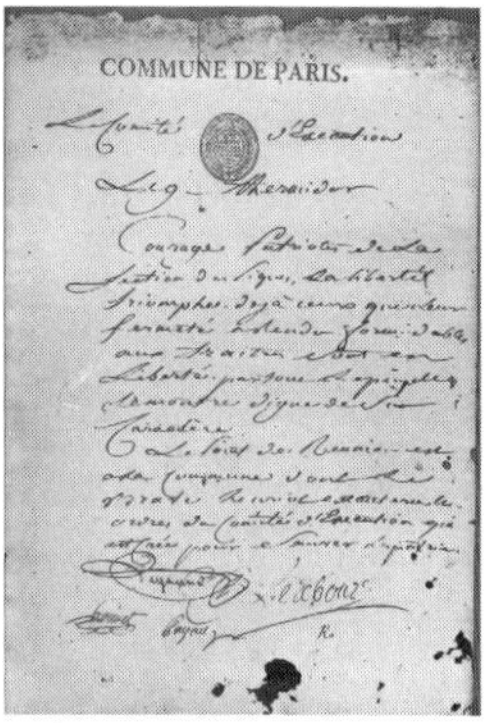
COMMUNE DE PARIS.

署名が途中の声明文

サン＝ジュストはほとんど無抵抗のまま逮捕された。ルバは拳銃で自殺、ロベスピエールの弟オギュスタンは役所二階の窓から飛び降り、クートンは車椅子から階段に身を投げて共に重傷を負った。そしてロベスピエールはというと、左頰に銃弾が貫通し、顎が砕けた。自殺を図ったという説もある。一命はとりとめたが、顎が剝がれ落ち、夥しい出血と激しい痛みに襲われた。

ちょうど部隊が突入してきたとき、ロベスピエールは彼自身の住むピック・セクションに向けて蜂起を促す声明文に署名するところだったという。確かに、上に見られるように署名欄末尾には「ロ（Ro）」とだけ書かれ、書面には血痕が残っていることを考え合わせると、署名を途中で中断させられたと推測するのが普通だろう。ただ、それ以前から署名することを逡巡していた、署名未了はその結果だったと考えられなくはない。いや、そのように考えたほうが、「告発」後のロベスピエールが一貫して民衆を煽動するような言動を控えていたことと、整合性がとれる。

ロベスピエールにとって、議会に向かって進軍するという選択肢はなかったのだろう。確かに、かつての「美しい革命」のときのように、民衆がみずから蜂起すれば、それを容認する用意はあったのかもしれない。しかし、上述のように、民衆の多くは無関心で、自らの「日常」の方が重要だった。そして近年の研究によれば、セクションの方でも、このときすでに文民・軍人両組織は「ほぼ例外なく、国民公会（とその内部の公安・保安委員会）を単一の正当性の極として認識しており、ほとんど条件反射的に国民公会支持の方向に動いたのである(2)」。

陰謀の歴史

夜明け前、ロベスピエールの身柄は国民公会に移された。議場に寝かせるのはふさわしくないとして応接室に移され、そこの机上に寝かされていたのである。顎を巻いた包帯は血ですぐに真っ赤に染まり、シャツも血だらけになった。言葉を発することもできず、瀕死の状態だった。

早朝、議員ルジャンドル（プレリアル二二日法に反論したブールドンに近い議員）は、ジャコバン・クラブに走って向かい、そこに集まっていたロベスピエールの主に女性の支持者たちに向かって叫んだ。奴が美徳の仮面の下で犯罪をおかした、あなた方は騙されていたのだ、と。そして、クラブを閉鎖し、その鍵を国民公会に持ち帰った。

午前一一時、ロベスピエールはコンシェルジュリ監獄に移送され、死刑が確定した。もとより「法の外に置かれた」人間に対して裁判が行われることはなく、即日処刑されることになった。

午後六時、ギロチンのある革命広場に向けて二二名の囚人を乗せた三台の荷車が出発。ロベスピエールは、デュプレ家のあるサン＝トノレ通りを通ったとき、何を思ったか。「ロベスピエールよ、お前もおれのあとに従うのだ」。刑場に向かうダントンがそう叫んだ通りである（第一五章）。

次々と処刑されていき、二一番目、いよいよマクシミリアン・ロベスピエールの番がきた。そこで死刑執行人シャルル＝アンリ・サンソンは、受刑者の包帯を取り除くよう助手に指示を出した。そのときの様子を、死刑執行人の孫はのちに次のように書き残している。

恐ろしいまでの苦痛に受刑者は物凄い叫び声をあげた。

はずれた顎がだらりと下がり、口が信じられないほど大きく開いて、そこから血が流れた。助手たちが急いで彼を処刑台の跳ね板に押さえつけた。そして一分もしないうちにギロチンが落ちた。

ロベスピエールの首は、王やダントンの首と同じように民衆に示された。群集は嵐のような拍手でそれに答えた(3)。

まさにダントンの処刑のときのように、この「見せ物」に熱狂する群衆の歓声、これとは対照的に一言も〈声〉を発することのできない「独裁者」の最期だった。

処刑後、クーデタで中心的な役割を担った人物たち、いわゆる「テルミドール派」は、ロベスピエールを徹底的に非難し、恐怖政治の元凶をすべてこの「暴君」に帰すことに専念した。翌日、国民公会では早速、彼は「新たな暴君」だったと宣言されたのである。

ロベスピエールの処刑

処刑台に向かうロベスピエール（ダヴィド画）

コロ・デルボワやビヨ＝ヴァレンヌは、恐怖政治とはロベスピエール、サン＝ジュスト、クートンによる「新たな三頭政治」だったのだと意味付けを施し、「独裁者」は排除されたと訴えた。ヴァディエ（保安委員会）は、市庁舎内の部屋の机上には「百合の花（フランスのブルボン家の紋章）」の印章が残されており、ロベスピエールは国王になるため、ルイ一六世の娘と結婚する計画だったのだという、ありもしない物語をでっちあげた。これは陰謀論以外の何ものでもない(4)。

また、ルイ＝ル＝グラン学院の同窓のフレロンは、ロベスピエールが生前多くのボディーガードを雇っていたと、その臆病さを印象付けようとした。さらに、クーデタ後にナポレオン・ボナパルトを重用して総裁政府で権力の座に就くバラスに至っては、ロベスピエールには複数の妻があり、また彼らはパリの外れの隠れ家で乱行パーティに明け暮れていたと言いふらした。もちろん、それを実証する「事実」などなく、「清廉の人」にはおよそ無縁な素行に見えるが、こうした陰謀にさえなりえないような噂が、その後の彼のイメージを決定づけることになる。

なかでも、この種の陰謀の影響という点で同時代に決定的だったと思われるのは、処刑の翌年に出版された、ガラル・ド・モンジョワ著『パリのロベスピエールの陰謀の歴史』（一七九五年）である。根も葉もない陰謀の歴史の誕生を告げるテクストだ[5]。このなかで著者のモンジョワは、性的にも不道徳な、《美徳》などおよそ持ち合わせない権力欲だけの「独裁者」の来歴を描いた。

冒頭、ロベスピエールは古代ローマの共和政（民主政）を死守した政治家カトーに生前は喩えられ、死後はローマ転覆未遂事件を起こしたカテリーナや、イングランドで護国卿となったクロムウェルに喩えられるが、どちらも誤解だという。「この怪物は、クラウディウス（ローマ帝国第四代皇帝）より愚かで、ネロよりも何千倍も残忍だった[6]」。そして、この現代の「暴君」の陰謀の歴史を本書でたどることは、統治をする者にとってもされる者にとっても大きな教訓を示すことになるだろうと述べて筆を起こす。

本文は論理的に叙述が展開されているわけではなく、まさしく「陰謀」がちりばめられていて史実としても見るべきものはない。とはいえ、陰謀論としては興味深い幾つかの特徴が確認できる。やや図式的に言えば、次の三点となる。

一つ目は、その人間性の指摘で、ネロに喩えられる残忍さ、「血が流れるほどに喉が渇く」怪物性、悪魔性が繰り返し強調されることである。二つ目は、その政治の実態の指摘で、ロベスピエールのめざした共和国は「名ばかりの共和国」であって、実態は独裁政治だったことが暴露される。彼は、共和国の《美徳》＝公共の利益を自身が体現していると言って、つまりはそうした「仮面」を身につけることで人びとを騙していたのであって、実際は個人的な情念＝利己心にもとづいて行動していたという。「最高存在の祭典」はその最たるもので、あれは「権力の祭典」だったのだ、と。「あれほど絶対的な権力を得た支配者はかつていなかった」[7]。

三つ目は、一つ目と二つ目に共通して見られるように、『パリのロベスピエールの陰謀の歴史』が革命を、理念や目的ではなく個人（ロベスピエール）の〈情念〉から描写していることである。しかも、彼の死とともに〈情念〉は消え去るかのように叙述されている。一方で、その権力者に騙された側の人民の情念・感情の分析は欠落しているところに同書の特徴がある。

上から民衆を蔑視しているとすら思われるような記述さえある。たとえば、公安委員会の巨大な権力を指摘した件《くだり》で、ロベスピエールに近い「社会の底辺から選ばれる構成員の野蛮さ」を指摘した箇所である[8]。確かに、「主人公」の素行に焦点を当てた同書の性質上、そのような「社会」の分析は必要なかったかもしれない。だが、ロベスピエール自身の言動には頻出する「人民主権」などの理念が欠如していることは、やはり同書の大きな特徴といわなければならない。

同年、ロベスピエールらを糾弾するため彼らが自宅に残した書類などをもとに作成された議会報告書でも、彼が「平準化」、社会全体の「サン＝キュロット化」を名目に暴政を敷いたとする一方、やはり財産や教養のある人びとが排除されたことを強調している点は興味深い[9]。

ともあれ、こうしてテルミドール派はすべての罪を「独裁者」に懸命になすりつけようとした。その裏には、彼ら自身が恐怖政治の執行者であり、その行き過ぎを「清廉の人」に咎められていたという経緯があることを忘れてはならない。要するに、ロベスピエールを「暴君」に仕立て、その政治を「独裁」と糾弾することで、自分たちが行ったクーデタを正当化するだけでなく、己の「前科」に対する罰から免れようとしていたのである。そこで彼らが唱えたものこそ、陰謀論だった。陰謀論は、ロベスピエールが発明したものではなかったことを思いだそう。

彼自身、**最後の演説**で次のように述べていた。「この独裁という言葉には魔術的な効果がある」(OMR X : 553)。

「恐怖のシステム」

一七九四年八月二八日、つまりロベスピエールの処刑からひと月後、国民公会の演説で「恐怖のシステム」という言葉を使ったのは、失脚劇で見事に敵役《かたき》を演じたタリアンである。この恐怖政治の〈システム〉のなかで、自分たちも陰謀家たちを弾圧せざるをえなかったというわけだ。それを指揮していたのは「暴君」ロベスピエールであって、自分たちはそれに従わざるをえなかったということだろう。そして今こそ、〈恐怖を日常に〉(第一四章)を「**正義を日常に**」に取って代えなければならないと訴えたのである。

九月八日、かつてナント(フランス西部の都市)の弾圧で投獄され、まだ生存していた貴族たちの裁判がパリで始まると、「裁判は被告が逆に恐怖政治《テルール》を告発する場」となった[10]。結果、彼らは釈放される一方で、革命委員会のメンバーが逮捕され、弾圧を行った責任者である議員のカリエも逮捕(一一月一一日)、翌月処刑された。タリアンやフーシェも派遣議員として同様に激しい弾圧を行っていたことを考えると、カリエは一人、スケープゴートになったといわざるをえない。

他方で、同時期に国民公会に提案されたのが、恐怖政治の基本政策である最高価格法(もともと山岳派が主導した、貧民の生活安定のために必需品・食糧が投機等によって不当に高騰しないよう最高額を設けた法）の廃止だった。一二月二三日に廃止案が上程され、翌日採択された。このことは、単なる恐怖政治の行き過ぎへの批判にとどまるものではなく、ロベスピエール後の政治や経済の路線を大きく規定することになる。なるほど、恐怖政治下の統制経済は非効率で、十分に機能したとはいえず、物価は高騰する一方で賃金は上がらず、民衆の中には不満が燻《くすぶ》っていた。

とはいえ、国家による規制を緩めることは、あの**ジェルミナルのドラマ**に結果した「外国人の陰謀」のように（第一五章）、食糧や軍事物資の供給において御用商人や業者が暗躍することになりかねない。「経済を自由化するというテルミドール派の政策は、この点でも、私的な業者が最大限の利益を上げ得る機会を国家が保障するものだったのである」(11)。結局、テルミドールのクーデタ、あるいはもっと言えばクーデタに行き着いた革命によって浮上してきたのは、種々の投機によって蓄財に成功した新しい階級、ブルジョアジーだった。

ツヴァイクは、『ジョゼフ・フーシェ——ある政治的人間の肖像』（一九三〇年）のなかで、「フーシェは命拾いをしたのである」と語ったあと、こう結論している。

——テロルは終わったが、革命の熱烈火の如き精神もまた消えてしまい、英雄時代は去ったのである。いまや後継者の時代がきた。山師と利得者、掠奪者と二股膏薬、将軍と富豪の時代、新しい組合《ギルド》の時代がきたのだ(12)。

プレリアルの蜂起

新しい階級の台頭。それに続いて、「反動」のプロセスが始まった。亡命貴族の帰国と、聖職者市民化基本法の廃止である。政教分離と称した政策は、その実、政治信念にもとづくというよりは、国による聖職者への給与支払いをやめるという財政上の理由によるものだった。

これに対して、最後の民衆蜂起が勃発する。九三年憲法の施行や貧困対策を求めてパリの民衆が国民公会に押し寄せたジェルミナルの蜂起（九五年四月一日）と、同じく民衆が議場に押し寄せたプレリアルの蜂起（五月二〇日）である。しかし、どちらも速やかに鎮圧された。そして、ジェルミナルの蜂起のあとに行われたのが、「四人組」の排除（流刑）だった。コロ・デルボワとビヨ＝ヴァレンヌ、ヴァディエ、さらにバレールは、恐怖政治を体現する「四人組」として前年末に告発されていたのである（実際、南米ギュイヤンヌに流刑になったのは前二者だけだったのだが）。

議場で死者を出したプレリアルの蜂起は、もともと革命のための軍隊だったはずの国民衛兵によって鎮圧され、蜂起者たちは銃殺された。民衆が武力によって弾圧されたことになる。こうしてテルミドールのクーデタの結果を概観してみると、結局、ロベスピエールの処刑とは何だったのか、そもそもロベスピエールとは何者だったのかと改めて問わないではいられない。

第二〇章　マクシミリアンの影

「ルサンチマンの政治」

『タブロー・ド・パリ（一八世紀パリ生活誌）』（一七八一～八八年）などの作品で知られる作家、ルイ・セバスチャン・メルシエは、『革命下のパリ（一七八九～一七九八年）――新しいパリ』（一七九九年）という革命の回想録を残している。その中に次のような一節がある。

革命の歴史を書くことは、半世紀が経つまではほぼ不可能な仕事だろう。なぜなら、その主導者たちは彼らの情念以上になお流動的で、これ以上ない注意深さで追いかけていても見落とされるためであり、前日の統治原理が翌日のそれではもはやないからである。(1)

革命勃発から一〇年後にこう書いたメルシエは、恐怖政治によって議員から囚人にかわった経験を持つ。まさに革命の当事者の「流動」性の指摘は個人的な実感を伴っていたことだろう。しかし、彼自身が書いているように、その一〇年後になお「主導者」が生き残る状況で書かれた回想録はいわゆる歴史叙述とはいえない。少なくとも公平な叙述ではなかった。メルシエ自身、恐

ルネ・ルヴァスール

怖政治のトラウマに囚われていたからだ。たとえば、ロベスピエールへの敵意を隠さず、国王になろうとしていたといったレッテルを彼に貼っているのはその表れといえるだろう。

それから三〇年、革命から四〇年後に書かれた回想として、外科医で山岳派議員だったルネ・ルヴァスールの著した『回想録』（一八二九～三一年、全四巻）がある。マルクスも熱心に読んだとされる同書は、革命から数十年が過ぎ、恐怖政治の本質をよりついている面がある。サルト県（フランス北西部に位置するルマンを県都とする県）選出の彼自身が山岳派という当事者議員でありながら、最終的にロベスピエールの逮捕を支持したという経歴を持つ。

ルヴァスールによれば、ロベスピエール派は怪物でもなんでもなく、ごく普通の人びとだった。そして、恐怖政治は彼らの創造ではなく危機的な状況に対する集団的な反応であり、自由や熱狂は**憎悪や恐怖**と隣り合わせだったと断じている[2]。ここには、ロベスピエールのような指導者個人を特権化せず、ある意味で彼自身も情念の渦中に呑み込まれる革命、そしてクーデタのあり様が描かれている。

これは本書では、フランス革命における〈**マラ的なもの**〉と呼んできたものに等しい（第一三章）。これが革命の本質、いやツヴァイクが描いたように、そのひとつの極であった。マラを駆り立てたのは旧体制や特権階級への憎悪と嫉妬であり、それは陰謀を逞《たくま》しくもした。ユゴーの長編小説『九十三年』でマラが、「陰謀だ、陰謀だ、**どこもかしこも陰謀だらけなんだ**」とロベスピエールに語ったのは印象的である（第一一章）。「清廉の人」もその渦中に完全に呑み込まれてしまったということか。

マラは恐怖政治の前に暗殺された。その意味で革命が〈**マラ的なもの**〉に深く駆動されたのは彼の死後である。だが、マラ本人はやはりそれを先取りする面があった。革命史家のブロニスラフ・バチコが指摘しているように、マラは恐怖政治を予言することはなかったが、それをある意味で先取りし願いさえした[3]。

つまりマラは、革命の早い段階から民衆による懲罰的な処刑＝**暴力**を要求し、「真の意味での血の洪水を求めた」。ロベスピエールが嫌悪した九二年の「九月虐殺」も正当化したマラは、その中で主要な役割を果たしたといわれる（第九章）。さらに、革命を救うために古典的な意味での「独裁」を肯定し、これを求めることとさえしたのだ。

こうして言葉よりもモノ（物理的力）が支配し始める時代の政治の特色とは何か。このことを考えるうえで、現代政治学の古典が参考になる。戦後アメリカの権威主義研究の大家フアン・リンスは、新生デモクラシーを崩壊させる要素として、旧体制に関連の深い人物や組織に対する「ルサンチマン」を挙げている（『民主体制の崩壊』一九七八年）。彼の言葉に少し耳を傾けてみよう。

新たな統治者には、おそらくは道徳的優越感に基づいて、旧秩序に連なる人物や組織に対するルサンチマン（ressentiment）の政治なるものにエネルギーを無駄づかいする傾向もある。

ルサンチマンの政治は、旧秩序派の尊厳と感情に向けられた些細な攻撃から成る。（中略）象徴的変革に対する敵意もルサンチマンの政治の感情的コストも、簡単に忘れ去られるものではない。（中略）体制変動に伴う心理的衝撃はしばしば実際に起きた社会の諸変化より大きく、このことが主な原因となって、一方では強い敵意が生まれ、他方では実際の諸変化に対する幻滅が生まれる。(4)

〈マラ的なもの〉に駆動された憎悪や嫉妬の政治とは、「ルサンチマンの政治」と呼ぶことができるだろう。それは結局、一方で旧支配階級に対する敵意を、他方で新しい体制への幻滅を生むという。ロベスピエールが公安委員会にはいる前、これがすでに革命を支配し始めていた。

言葉とモノ

この政治空間を席巻したのは、陰謀論だった。陰謀が百出し、「敵」に対する憎悪を煽る言説が拡散したのである。それはまさに、フランス革命によって近代民主主義が誕生した証左でもあった。というのも、民主体制においては言論が自由になるがゆえに、特にその誕生期には政治への批判がかえって表面化するためである（リンス『民主体制の崩壊』）。

革命期、アリストクラート（特権階級）に対して使われた「敵」のイメージが、第三身分の政治家に対してそのまま使われるようになったことも、現代の古典が教えてくれる。一九三二年急逝したアルベール・マチエに代わって「ロベスピエール研究協会」会長に就任したジョルジュ・

ルフェーヴル（一八七四〜一九五九年）は、『革命的群衆』（一九三四年）の中で、「敵役《かたき》の典型がひとたび設定されると」、革命下の民衆は「敵役のイメージをひたすら邪悪陰険に描くようになる」という。

そのようなわけで、社会的善を実現し人類の幸福を保証するためには、敵対階級を根絶しさえすればよい、ということになる。そして、虐げられた者ひとりひとりの幸福は敵対階級の根絶にかかっているというわけだから、虐げられている階級のメンバーは皆たいへんな熱意に燃えるのだが、支配階級の方はといえば、こうした熱意をしばしば全く欠いているのだ。(5)

より悪いことに、民衆つまりはサン＝キュロットの熱意に影響された革命家たち、人民の負託を受けた第三身分出身の政治指導者たちも、同じ階級の相手に対して彼らの背後に貴族階級や外国勢力がいて陰謀をめぐらせていると決めつけ、激しく敵対するようになったのである。「世論」に左右される民主体制においては、民衆の支持を競う政治家による言動、その陰謀論もより過激になり、抜き差しならないものとなる。ロベスピエールも例外ではない。ブリソらを「敵」に認定し、激しく非難した。この点では、彼もブリソやマラと変わらないように見える。

とはいえ、ロベスピエールにとって革命は過去の怨念に引きずられるのではなく、未来の理想によって導かれるべきだった。もともと彼の生い立ちは反旧体制、特権階級に対する憎悪から始まってはいなかった。伝統的なカトリック社会の中で育ち、パリの名門校に学び弁護士になったマクシミリアン。その一方で、当時の第三身分出身で学業に優れた子弟には普通に見られたように、啓蒙思想の影響を多分に受け（彼の場合はとりわけジャン゠ジャック・ルソーから深い影響を受け）、旧体制゠封建制（アンシャン・レジーム）の不条理を自覚するようになってゆく。

妹シャルロットの証言によれば、ロベスピエールが法曹の道に進んだのは「抑圧された人びと」を擁護するためだった（第二章）。若き弁護士は、社会における不公正・不平等な扱いに憤慨し、虐げられた人びとの弁護活動に専念した。もともと謹厳実直だった彼の性格からして、不公正そして政治社会における腐敗を見過ごすことはできなかったのである。

では、この社会を変えるにはどうすればいいか。財産（モノ）のない人間たちにとって唯一にして最大の武器となるのが**言葉**だった。もちろん、そのため裕福ではなかったマクシミリアン少年は勉学に励んで奨学金を得てルイ゠ル゠グラン学院に進み、古典古代から蓄積された知識を吸収した。彼の不公正に対する善玉悪玉という二者択一的な思考と共和政への信念、すなわち〈共和政゠公共の利益〉のための自己犠牲は《美徳》だとする考え方にも、古代ローマとその時代の政治家゠雄弁家への憧れが反映されていた。本書ではあまり触れてこなかったが、ロベスピエールの弁論、演説には古代ローマの書物からの引用がちりばめられている。

加えて、法曹のトレーニングを受けたロベスピエールが身につけたのは法的（手続的）思考だった。それは少なくとも恐怖政治の前、たとえばブリソ派に対してできるだけ**暴力**を行使することを避け、「合法的」に物事を処理しようとした姿勢によく現れていただろう。

言葉によって地方から全国一の著名な政治家になったロベスピエール。**最後の演説**（テルミドール八日）でも、共和国の敵たちに言及した箇所で、彼らは一方で「あらゆる悪徳」を露呈しながら、他方で我々から「希望」を奪った点でかつての暴君と変わらないと断じた（OMR X : 560）。

実際、ロベスピエールの「希望」のある言葉は民意をよく表象していたからこそ支持された。革命下の民衆を動かした「集合心性」に着目し、革命史学に新基軸をもたらしたルフェーヴルは、革命期の「指導者」と民衆の関係について次のように解説している。

> 秘められた動機がいかなるものであれ、指導者《ムヌール》たちは、彼らの演説や命令が集合心性に合致している時はじめて耳を傾けてもらえるのである。集合心性こそが彼らに権威を付与するのであって、彼らは与えることが出来てはじめて受け取ることが可能となるのだ。彼らの立場がなかなかむずかしく、その威光がしばしば束の間のものに終わってしまうのはそのためである。というのも、革命的集合心性の基本的な構成要素のひとつが「希望」であるから、もしも事態がこの「希望」を裏切るようなことになれば、指導者《ムヌール》に寄せられていた信頼は消え失せてしまうからである(6)。

革命と民主主義はこの種の「集合心性」の力学によって左右され、ときに翻弄される。革命の理想や希望を高唱しながらも、ロベスピエールはある種の諦念を吐露し、早い段階から殉教への道を歩み始めていたことを私たちは知っている。ゴンクール賞作家のピエール・ガスカールは、ロベスピエールが代理人として雇った青年マルク＝アントワーヌ・ジュリアンの書簡などから再構成された異色の革命史『ロベスピエールの影』（一九七九年）の中で、「ロベスピエールもまた憂鬱症の人なのである」と書いている。[7] 彼が憂鬱症だったという同時代人の証言は少なくない。[8]

それでも、恐怖政治においてさえ民意がロベスピエールから完全に離れることはなかった。では、彼の《民主主義》の理想、すなわち人民と代表者の意思の一致を真に妨げたものは何か。あるいは、確かに以前のような人気を失った彼を殉教に追いやったものはいったい何か。

最後に改めて革命を評価することで、ロベスピエールが「独裁者」として革命史に落とし続ける影ではなく、マクシミリアンの背後にあってその理想を妨げた影（背後にあるもの）を追跡してみよう。それはきっと現代の民主主義にも影のように付きまとい続ける問題ではないか。

〈システム〉の支配

メルシエは、フランス革命の回想『革命下のパリ』で、革命を評価するには半世紀を要すると述べたが、その意味で初めて冷静に革命を評価する格好の位置にいるとみずから任じた歴史家は、アレクシ・ド・トクヴィルである。『アメリカのデモクラシー』の著者として知られ自身も政治家だったトクヴィルは、「革命」を終わらせたナポレオン一世の甥を自称する皇帝ナポレオン三世の登場によって政界引退を余儀なくされた。そこで没頭したのがフランス革命「研究」であり、その成果が『アンシャン・レジームと革命』（一八五六年）だった（第二巻は未完）。

トクヴィルは同書で、次のように書いている。「この革命を研究し語るときが来たように思われる。われわれはこの大きな事象をもっともよく理解し判断できる格好の位置にいると思われるのだ。われわれはそれを成した人びとの目をかつて曇らせた情念を微かにしか感じないほどに革命から遠く、それを導いた精神の中に分け入り理解するほどには近くにいるのである」(9)。

そのトクヴィルが大革命のもっとも際立つ特徴として着目したのは、マラ的な憎悪や嫉妬それ自体よりも、それらが蠢《うごめ》く時代情況下で維持・強化された執政の〈システム〉だった。「ナポレオン」の帝政＝専制の到来を再び招くことになった革命とは何だったのか。これを歴史に尋ねた結果として明らかになったのは、そもそも革命が国王の集権的体制（執政）を解体するどころか、それを引き継ぎ増強さえする歴史的事業だったという事実である。

確かに、革命によって旧体制＝封建制は否定され国王は処刑された。だが、政治の首（主体）が替わっただけで、胴体（構造）は残り、人民の政治の名のもとにその権力は強化されたというわけである。革命直後には残っていた国王の政府をついに廃止し、議会に権力を集中させたが、その実、議会内に成立した委員会（事実上の執政府）に権力が集中した。それはトクヴィルによれば、集権的な体制（執政）という点で、革命前夜の政府（国王評議会）と相違なかった。

このことは、革命前が国王の独裁ではなかったように、革命中もロベスピエールのような一政治家の独裁ではなかったことを意味する。つまり、ブリソにせよマラやダントンにせよ、ロベスピエールでさえも、彼らの意思で物事をすべて決められるような体制ではまったくなかったのである。公安委員会の提出する法案の多くも、ロベスピエールとは別の人間によって立案された。もちろん各時期において勢力図は変化し、友敵も異なるが、各指導者の意思にもとづく革命を妨げたのは、他の個々の政治指導者というよりも〈システム〉だったのではないか。もとより代表

「マラの暗殺」（1860年。第二帝政期には惨めなマラに対して「暗殺者」の方は美しく描かれた）

者の意思にもとづいていない政治が、人民と一致した意思にもとづく政治であるはずがない。

革命が**〈マラ的なもの〉**によって駆動される中、ひとり強化されていったのがこのシステムである。この点で思い出されるのは、ジャコバン独裁といわれる恐怖政治の時代も、山岳派《モンターニュ》が議会の絶対多数を握っていたわけではなかったという事実である。一七九二年九月二一日に召集された国民公会には今日のような政党は存在せず、議員の明確な所属はないため流動的ではあったが、山岳派はおおよそ三分の一程度で、多数派は平原派（沼沢派）だった。

この穏健な多数派が、結果的に**〈システム〉**を下支えした。同派はおおよそ当初はブリソ派を、続いて山岳派を支持し、一時はロベスピエールに革命の混乱の収拾を期待したが、その「独裁化」——彼らにはそう見えた——のために最後は彼を見限ったといわれる。繰り返すが、それは厳密な意味でのひとつの党派ではなく、彼らの行動が一貫していたわけでもない。たとえば、ブリソ派政権でマラの告発の決議が出された際（一七九三年四月）、平原派から多くの棄権者が出たことは、政治の過激化にとにかく反発する穏健な態度というよりは、むしろ政治からの距離を示しているとも考えられる。[10]

とはいえ、平原派は概して両派の間に位置する「中間派」であるがゆえに大勢に流されやすく、またロベスピエールが抱いた「人民主権」のような政治理念を強く信奉する政治家はその中にはほとんどいなかった。「独裁者」を葬った後、民衆の暴動を鎮圧した新しい階級＝ブルジョアジーの体制（総裁政府）を支えたのは彼らだった。この、社会の安定を求めるような体制では、マラ的な人間や情念は不要になってゆく。その革命を終わらせた「救世主」がナポレオンだった。

タリアンはいみじくも恐怖政治の「システム」と言ったが、議会の穏健派とともに、その中で力をつけてきた新しい階級とうまく妥協できる政治家が生き残った。脛に傷を持った革命家の中でも、ジャコバン派のタリアンにせよフーシェにせよ、この点でうまく立ち回った政治家である。いや、より正確に言えば、苦悶なく妥協しえた革命家たちだった。そういう者たちのみが、「革命」後も時代の荒波を泳ぎ切ることができたのだ。タリアンは帝政期にも大きな成功を収めたフーシェと違って最期は不遇の末に没するが、それは「政治的」センスの差にすぎない。

これに対して、ロベスピエールには明らかに「政治的」センスが欠けていた。「清廉の人」とは、〈腐敗していない人〉を意味する。彼がそう呼ばれたことは、逆にそれ以外の多くの政治家が腐敗し、利得のために妥協したことを示している。いや、「清廉の人」も妥協したとされる時があった。私たちがすでに知っているように（第一二章）、それはエタンプ一揆の経験を通じて、「抑圧された人びと」（農村の貧農や都市の労働者）と富裕なブルジョアジーという社会経済的な対立に着目し、どっちつかずともとれる両義的な態度を見せたときである。

しかし、彼は妥協したのではなく、その対立を調停する可能性を模索していた。いや、正確に

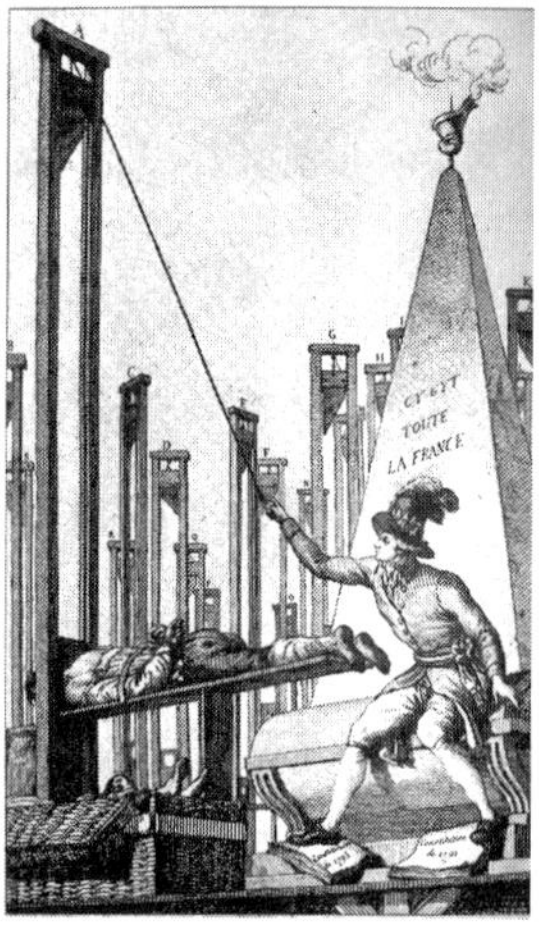

恐怖政治の「システム」の風刺画（最後は死刑執行人を自ら処刑するロベスピエール）

言えばロベスピエールは妥協できなかったのだ。そしてルソーのように、彼には経済的平等それ自体に関心はなく、経済的な立場の対立を超えた政治的な一致、すなわち主権を担う人民＝民衆の《一体性》に関心があり、その先にある彼らと代表者の意志＝意思が一致した《民主主義》を思い描いた。それが成し遂げられないのであれば、ロベスピエールにとって政治家である意味はなかったはずである。その「両義的な態度」の後に発生した民衆の蜂起の直後、彼が突如「引退」を宣言したのはこのことと無関係ではない。抑圧者たちの「仮面」を剝ぐことを追及した人間が、みずから「仮面」をつけて政治の舞台で踊り続けるわけにはいかなかったのである。

結局、妥協する人びとが蓄財に成功し腐敗してゆく〈システム〉のもとで、革命の理想を成就することは不可能になった。そうである以上、ロベスピエールにとっては自己犠牲を選んだ古代の偉人たちのように《民主主義》のために殉教することがなかば必然となったのではなかったか。

それは他人にも自己犠牲を強要する論理に転化しうる。とはいえ、恐怖政治によってマラの後継者を自認したエベールら過激派だけでなく、ダントンに代表される穏健派も含め、多くの政敵を処刑する必要まであっただろうか。合法的なプロセスを尊重していたはずの政治家が、超法規的な措置をなぜ許容するのか。たとえ多くの人間を処刑した恐怖政治の「独裁者」ではなかったとしても、ロベスピエールの執政府での役割は小さくなかった。むろん彼の立場から考えて、何もなしえなかったと責任を逃れるわけにはいかない。

これらの問題に答えるうえで最後に避けて通れないのは、ある人物の影の存在である。ロベスピエールの思想は生涯一貫していたと考えられるが、政治家としては必ずしもそうではなかった。その変貌、少なくとも恐怖政治への賛同は、ある人物との出会いを抜きには考えられないだろう。それは、ミシュレが「恐怖政治の大天使」と呼んだ青年将校との邂逅である。

ある作家曰く、サン゠ジュストは自身がもともと天命の如く従ったロベスピエールに何も負っていないのに対して、「ロベスピエールはこの若者の荒ぶる精神のうちに己の魂を焼き直した」という(11)。いつからか主従の関係はある意味で転倒する。思えば、あのブリソ派の排斥もダントン派の処刑も、報告書を作成したのはサン゠ジュストだった。

エピローグ　《透明》を求めて

「革命は凍結される」

歴史家ジュール・ミシュレは、心情においても思想においてもロベスピエールと一体であったサン＝ジュストが、彼から離れていったと語っている。

すでに、ダントン裁判において、ふたりの行動は正反対であった。サン＝ジュストがダントンを殺した。というのは、彼のみがなんのためらいも疑惑も感じていなかったからである。彼はロベスピエールに従っていると信じていた。だが、ロベスピエールにもまして、彼はこの野蛮な行為にたいし苛烈な信念をもっていた。法が息も絶えだえに委員会に懇願にきたとき、だれがその衝にあたったか。だれが法に沈黙を命じたのか。この時期において、だれが法であり、独裁であったか。

逆にロベスピエールは、この同じ道をたどりながらも、人に強いられてこうなったということを、ぬからず人々に知らせた。自分ではない他の一人物が最初に考えつき、最初に言いだしたのだと、公言し、繰り返し言った。(1)

公安委員会で孤独だったサン＝ジュストを「彼の師」と対比しながら、ミシュレはさらに言葉をつなぐ。「サン＝ジュストは、大革命は抜本的粛清にとりかからねば滅びると信じていた。敵を絶滅しなければいけない。それも、精神的絶滅である。これのみが、真の、完全な絶滅なのである。ロベスピエールはこれとは逆に、敵を分断し、その一部をこちらにひきいれうると思っていた」(2)。

ロマン主義の歴史家は、特権階級にさえ「寛容」を示したとされるロベスピエールよりは、二六歳の若さで逝った「夢想家」のほうにここでは共感を覚えているように見える。ミシュレによれば、サン＝ジュストはロベスピエールに、公安委員会に、そして時代精神に裏切られたのだ。

その認識の評価はおくとしても、二人がある時点から心情においても離れていったのは事実のようである。残された資料からは具体的にその時期を確定することは難しいが、それが特に表《おもて》に出たのは、確かにダントン裁判（ジェルミナルのドラマ）での行動の相違においてであり、その直後の元青年将校によるやや性急な革命の再編計画の策定においてだっただろう。ダントン派の処刑後すぐ、サン＝ジュストが委員会を代表して議会で演説したのは、公安全般に関してであったが、そこで訴えられたのは革命の「制度化」だった（第一六章）。

この頃（一七九四年四月頃）に書かれた手稿「共和国の諸制度に関する断片」には、「革命は凍結される」と記されてある（OC：1141）。そこには、恐怖政治の例外状態を続けることの限界とともに、それを終わらせるという意志を窺うことができる。

ところで、サン＝ジュストには、革命初期に執筆された『フランスの革命と憲法の精神』（一七九一年六月）という著作がある。そこではロベスピエールと同様、モンテスキューの強い影響を感じさせる政治体制論が展開されている。『法の精神』の著者の政体分類は採用せず、より伝統的な王政・貴族政・民主政という分類が採用され、新しいフランスは三つの政体を結合すべきだと述べられているものの、そこには古代ローマ以来の混合政体（権力均衡）の発想を確認することができる（OC : 378）。

そこで目を引くのは、身分制（貴族制）がなければ統治は「**人民＝民衆的**」になってしまうという主張であり、「**人民＝民衆的**」は「無政府的」と同定されていることである（OC : 387）。この純粋な民主政あるいは共和政への批判において、サン＝ジュストはモンテスキューの議論を逸脱しているといわなければならない。古代共和政への批判も強烈である。「古い共和主義者たちは祖国の名誉のため、疲弊や殺戮、追放や死をも厭わなかった。ここ〔新しいフランス〕では、子どもたちの休息のために祖国は栄光を放棄し、その保全だけを要求するのである」（OC : 380）。

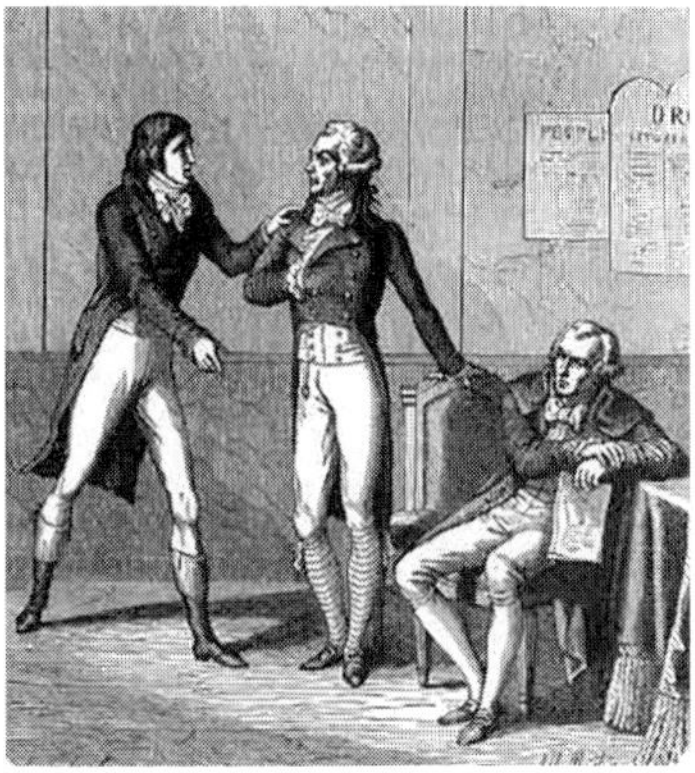
恐怖政治期の「三頭政治」の風刺画（ロベスピエールに何やら進言するサン＝ジュスト。右側はクートン）

同書を読むと、財産による制限選挙制を主張する一方で、経済活動を奨励する「近代の自由」の擁護者の顔をのぞかせているが、いずれにしてもサン＝ジュストはここで人民主権、あるいは民衆の政治や社会への参画を主張してはいない。同書が執筆されたのは革命勃発後の君主政期であって、サン＝ジュストにはそれまでの革命の来歴を整理するという意図があったにせよ、ここにはのちの思想の変遷後にも通底する彼の統治思想が見いだせる。

その直後から書かれたと考えられる手稿「自然、市民状態、都市国家、あるいは政府の独立の諸規範」（一七九一年九月〜九二年九月?）では、人間は自然と（市民）社会を形成すると書かれ、社会契約が否定される。だが、ブリソ派の追放と恐怖政治の幕開けを経て、人間が自然な情念にもとづき市民状態に至るという考えは放棄される。人民が社会（状態）を作るわけではないのだ。そこで考えだされたのが、革命の再編としての制度化だった。「共和国の諸制度に関する断片」ではその動機が素直に描かれている。

私が先ほどあげた人びと〔シャリエやマラら〕は、不幸にも制度のない国に生まれた。彼らは虚しくも全力で英雄主義に支えられたが、その圧倒的な党派は幾年もの徳業にもかかわらず、一日にして暗闇に葬られた（OC : 1088）。

「制度」がなければ民衆に支えられた革命の情念はその成果をすぐに消してしまう。マラの二の舞にならぬよう、市民制度、道徳制度、政治制度、家族制度を通じて市民状態が国家へと昇華されなければならないという。同手稿が執筆される直前、サン＝ジュストは革命の敵の財産を没収して貧困者に配分するという法律（ヴァントーズ法）を制定させたが（第一五章）、それはジャン・ジョレスやマチエの解釈に反して、ルフェーヴルの言うようにそもそも概念規定が不明確で実現可能性に乏しく、政争に利用されたと考えるべきだろう。仮にマチエが言うように別の革命を先取りしていたとすれば、それは社会革命ではなく「道徳革命」だったはずである(3)。

サン＝ジュストは、「革命は凍結される」という文章に続いて、「すべての原理は弱められる」と書いているが、これは革命の政治原理の事実上の敗北宣言とも捉えられるのではないか。それは行政〈**システム**〉の支配を強固なものにする（＝常態化する）ことの宣言だったと言い換えてもいい。当初は革命の政治原理の支柱は人民に代わって主権を行使する議会にあったが、その議会（立法権）と政府（執行権）の権力均衡の否定の上に成立したのが公安委員会の支配だった。

ここでも人民は政治社会の主体とは考えられておらず、そのかぎりでサン＝ジュストの統治思想に変化はない。変化があるとすれば、モンテスキュー流の権力均衡の否定であり、制度化＝集権化だろう。かくして彼の思想を体現する革命再編の中、ロベスピエールの抱いた《民主主義》、彼がその原理と考えた人民主権はすでに妨げられていたといえるのではないか。ロベスピエールが革命においてなにより重視したのは人民主権と人権宣言（基本的人権）だった。

請願権という経路

確かにロベスピエールは〈**マラ的なもの**〉とは異なる革命の理想を抱いたが、革命の情念を否定したわけではない。抵抗権と蜂起権は、彼が下からの情念、その圧政・悪政に対する抵抗を権利として彫琢したものにほかならなかった。一七九三年憲法（人権宣言）第三三条で、抵抗権が八九年以来の権利保障とは異なる位置付けを与えられたのはロベスピエールの影響であり（私案二七条）、そのうえで第三五条では、人民の蜂起権が「最も神聖な権利」として正当化されたのである（第一二章）。

さらに、彼の意見が実はよりよく反映されているのは、抵抗権と区別された「請願権」が第三二条に規定されたことである[4]。次のような条文である。

第三二条　公権力の担当者に対して請願を提出する権利は、いかなる場合も禁止され、停止され、制限されない。（辻村みよ子訳）

こうしてロベスピエールが「請願権」のことを抵抗権や蜂起権と区別することで重視した理由は、民衆の情熱を日常的に吸い上げる、すなわち民衆が人民主権を定期的に行使する機会を開くためだったと考えられる。彼は、議員が〈人民＝民衆〉の声から逸脱した場合は、その声に耳を傾けるようにさせる仕組みが必要であると考えていた。それは逆に言えば、代議制をしばしば暴力的に破壊するような蜂起を回避する仕組みでもあっただろう。

ルソー同様、ロベスピエールは直接民主政が純粋に実現できるとは考えなかったし、それが望ましいとも考えなかった。すでに見た通り、彼は一七九三年の憲法論議において、「民主主義の過剰」はかえって人民主権を破壊しうると述べていた（第一三章）。「そこで直接民主政が樹立されることになるが、それは全体の幸福のために法によって抑制されたデモクラシーではない」。こうしてロベスピエールは改めて「代表の原理」を擁護したわけである。

だが、それにもかかわらず、「真の意味において彼らは人民を代表しているということはできない」と主張していた。代表者によって立法されたものを承認するのはあくまで人民であり、その審議が人民の声を反映したものかを監視するのは市民なのだ。こうした『社会契約論』と共振する代議制批判において、ロベスピエールは代表者が人民の意思に歩み寄ること、そして両者の**透明な関係性**をめざすことを主張したのである。その点で請願権は「不可侵の権利」だった。

パリ市庁舎でロベスピエールに「蜂起」の署名をするように促しているとされるサン＝ジュスト

他方、サン＝ジュストの「制度化」には下からの情熱を肯定する余地はなかっただろう。いや、革命の制度化の狙いはまさに——彼個人のマラへの思慕はともかく——**〈マラ的なもの〉**の圧殺だった。革命史家のモナ・オズーフによれば、サン＝ジュストの考える共和国とは次のようなものだった。

> サン＝ジュストの考える共和国とは優しさを欠いた世界であり（子供をかわいがる権利はない）、欲望もなく（一七歳まで乳製品と根菜で育てられる）、装飾もなく（墓地にだけ花が飾られる）、色彩もない（唯一輝きをもつものといえ

ば、老人のつける白い綬と殺人者のまとう黒い古着とのあいだで、兵士の制服の上にちょうど戦闘で受けた傷のところにつけられた黄金の星章だけである）世界である。あらゆる暴力、あらゆる情動、あらゆる自制心の喪失（つまり陶酔）は欠如しているか、またはあってもも即座に排除される。(5)

この青年にとって、「制度の目的はあらゆる社会や個人の保障を確立するため、不和や暴力を避け、人間の支配を習俗の支配に取って代えることだ」と考えられた（OC : 1091）。とはいえ、「ルサンチマンの政治」（第二〇章）は民主政治にはつきものではないか。そうだとすれば、これをたとえば今日のように「ポピュリズム」だと言って批判し、ただその情念を抑えつけようとすることは、民主主義それ自体を否定することになりかねない。

知られざる〈立法者〉

ロベスピエールは「私は人民の一員である」と幾度も語った。その点では、次世紀の歴史家で『民衆』（一八四六年）の著者ミシュレと近いかもしれない。しかし少なくとも、アルトワへ帰郷した際の思想上の転回（第八章）以後のロベスピエールにとって、その人民とは**あるがままの人民**ではなくなっていた。言い換えれば、彼は〈人民＝民衆〉という理念に向けて、彼らを導く使命を自覚したのである。それは〈立法者〉の使命ということができる。

「清廉の人」はブリソ派との論争で隠謀家たちと対峙する中、民衆を善導すべき〈立法者〉の存在に言及した。そのときルソーの『社会契約論』が引用された。再掲しよう（第一〇章）。

その知性は、人間のあらゆる情念をよく知っているのに、そのいずれにも動かされず（中略〔ロベスピエール自身が挿入〕）進みゆく時のかなたに遠く栄光を展望しながら、ある世紀において苦労し、別の世紀においてその成果を享受することのできる、そういう知性でなければならないだろう。人間に法を与えるためには神々が必要であろう。

古代スパルタの伝説上の立法者リュクルゴス（ダヴィド画）

〈立法者〉とは、サン＝ジュストの言うようにただ「公共の利益の問題をつねに提示し」、対立を調停する役ではない（OC：1111）。ルソーは、立法者にはある種の神秘的な力が必要で、彼は〈民の声〉ではなく〈神の声〉を聞いてそれを人民に伝えなければならないと言った。だからこそロベスピエールは「最高存在の祭典」の挙行に固執したのではないか、とひとまずいえる。

ロベスピエールはルソーと同様、ここで古代スパルタの伝説上の立法者を強く意識していたはずである。リュクルゴスが祖国に法を与えるために「王位を捨て」、その後に祖国を追われる身になった運命に、わが身の運命を重ね合わせ、夢想に耽ったとしても不思議ではない[6]。

しかしすでに指摘した通り、先の引用でロベスピエールがおそらく意図的に省略した箇所で書かれてあったのは、立法者と国民との距離についてだった。ロベスピエールにとっては「立法者はあらゆる点で国家のなかの異常な人間である」わけではなかったのだ。確かに「彼はその天才によって異常でなければならない」かもしれないが、同時に人民の一員でなければならなかった。

では、彼の想像する〈立法者〉としての「代表者」とはどういった存在なのか。それは「公共の利益」を指し示す役割を担うとはいえ、そのためには彼自身が**《美徳》ある存在**でなければならなかった。逆に言えば、そうした仮面を被りながら裏では〈私〉（の利益）を先行させるような存在であってはならない。現実にはそのような存在が蠢《ひしめ》く《美徳》なき時代では〈立法者〉は「異常な」存在でありうる。ロベスピエール自身は言っていないが、来たるべき〈立法者〉とはまさに「清廉の人」の名に値する。

彼ら代表者は人民を一方的に「美徳化」してゆく存在とは想定されていない。立法者＝代表者は《美徳》を体現する存在であるべきだと考えられる一方、人民も政治や社会への参画、たとえば請願権、場合によっては蜂起権を行使する存在であると考えられた。そうすることで初めて両者の意志＝意思の一致した政治、つまりは《民主主義》が実現されるはずだった。「美徳は民主政の魂であるだけではなく、この統治においてしか存在しえない」（一七九四年二月五日の演説（第一四章）。そのような展望における立法者＝代表者は、現代の民主主義諸国——民主主義を装っている国々を含め——の〈ポピュリスト〉と呼ばれる政治指導者とはかなり異質な存在であることは確かだろう。

ロベスピエールの民主主義論はこれで終わりではない。《民主主義》を支えるためには、仮面を剝いだうえで意志＝意思の一致をかなえるようなモメントが必要で、それはある種の祭典という形式をとると考えられた。だからこそロベスピエールは公共的な「宗教」の存在にこだわり、「独裁者」に仕立てられる危険を冒してまで「最高存在の祭典」を挙行することに固執したのではなかったか。

> 私はすでに述べたように、ひとりの個人や体系的哲学者としてではなく、人民の代表として語っている。無神論は貴族的である。抑圧された無垢な人びとを注意深く見守り、得意気な犯罪を罰する偉大なるものの観念は、**人民＝民衆的**である。（中略）神が存在しないのであれば、それを発明しなければならない。（一七九三年一一月二一日の演説）（第一四章）

それは単に統治者が「祭司」としてその異常な力を見せつける場ではない。立法者をも超えた「最高存在」のもと、〈人民＝民衆〉が一体感を覚える場、いわば一般意思を確認する場であると観念された。この点は、特に現代ではなかなか理解されないだろうが、〈象徴〉なき新しい民主国家には、そのようなモメントが必要だとロベスピエールは考えた。ゴーシェが近著で指摘するように、ナポレオンと違って権威（君主）なき正統性（人民主権）を求めるとすれば[7]。

これだけを見ると、ロベスピエールのめざした政治は全人格的な支配（のちに全体主義と呼ばれる支配）の趣が濃厚である。それでも、彼が《美徳》の体現をなにより立法者＝代表者に求めたことは看過されてはならない。彼らは個人の利害関係よりも「公共の利益」を優先しなければならない存在である。人民との**透明な関係性**を確立するためには誰よりも政治家が**透明＝誠実**でなければならないと考えられた。その背景にあるのは、全体主義の祖ともいわれるルソーの言葉を借りれば、政治的（一般的）な事柄に関しては一般的な視点で――人種や性別などのバイアスを含む特定の利害関心を超えて――考え行動しなければならないという発想である。[8] 別言すれば、国民の個人的な関心がまったく否定されるような政治社会が構想されたわけではなかった。

その構想をロベスピエールその人とともに葬ったのは、民衆というよりも彼の同僚議員たちだったこともまた見落としてはならない。《民主主義》は特定の利害関係を持つ政治家たち（テルミドール派）によって葬られたのである。そして、革命指導者の実像とともに忘却されたのは、このような立法者＝代表者と人民との関係をめぐる民主主義の根本的な問いではなかったか。

その後、歴史的には代議制が定着する一方、間歇的に生じるのは「代表されている」という実感の欠如への不満であり、それを利用し煽動しようとする独裁的な指導者（デマゴーグ）である。むしろ、そのような存在の登場を避けるため、フィクションであれ両者の一致をめざした定期的な政治・社会的な権利の行使と祭典の挙行が必要とされた。ロベスピエールの死は、民主主義がデマゴーグの支配に陥る危険をいかに防ぐかという問いに蓋をしてしまったのかもしれない。

もちろん、ロベスピエールの思想、その民主主義論が彼の革命における行動を正当化することはない。一体としての人民＝民衆の支配としての《民主主義》が友敵の二分法と「敵」の排除、そして独裁的な政治に至るのは、ひとつの論理的帰結である。彼が実践ではそれになかば無自覚で、独裁を否定していたとしても、[9] 政治責任が免罪されるわけでは毛頭ない。しかし、それでもロベスピエールの思想と行動から学ぶことは多い。すべての罪を「暴君」や「独裁者」になすりつけることで、革命史から抜け落ちてしまう民主主義をめぐる課題はあまりにも大きく、重い。

さしあたり私たち現代の読者が受け取るべき「独裁者」の遺言は、ゲーテが臨終の際に言ったとされる「もっと〈光〉を」に擬《なぞら》えて言うとすれば、政治にもっと《透明》さを、ということになるだろうか。

あとがき

ウェブ雑誌「考える人」の連載が終盤に差しかかった昨年末頃、今の日本でロベスピエールが言及されることがあるのか気になってきた。そもそも彼のニックネームである「清廉の人」とは古めかしい表現で、「清廉」なるワードは今となってはほとんど死語ではないか。ネットを調べてみると、最初にヒットしたのが清和政策研究会のＨＰ（ホームページ）だった。

当時のＨＰによると、創設者の福田赳夫元首相が「政清人和（まつりごと清ければ人おのずから和す）」という中国の故事成語から「清和」と命名し、「清廉な政治は人民を穏やかにする」という意味を込めたという。ロベスピエールという人物に由来するわけではもちろんないが、その含意は「清廉の人」が二三〇年前にめざしたものと案外近いのかもしれない。

連載が終わる頃、同研究会の解散が発表された。だが、今こそ「清廉な政治」が求められているのではないか。そうだとすれば、同時代人に「清廉の人」と呼ばれ絶大な評価を得た政治家の思想と行動を今改めて振り返ることは、しかも「独裁者」というバイアスを抜きに、その両面性を見直すことは、それなりに意味があるのではないかと思えてきた。

むろん、清廉さや潔癖さが政治や社会をより良いものにするとは限らない。むしろ――フランス革命がそうだったように――苛烈な結果を招きうる。政治には――真剣な議論の場でこそ――、余裕やユーモアがしばしば必要である。だから今、ロベスピエールのような人に現れて来てほしいとは思えない。この二年あまり、雑誌（オンライン）上で付き合ってみて、対面で付き合うのはできれば避けたい、というのが本音である。とにかく純粋というか実直で融通が利かないため、見ていて息が詰まるのである。政治家としてまったく妥協しないということはなかっただろうが、基本的には妥協を嫌う、原理に徹した人なのだ。だからこそ、周囲の人々、とりわけ政財界で個別の利害関心を強く持つ人々を嫌い、また嫌われた。ロベスピエールという人は、人民への信頼と不信が相半ばする中、一般意思の一致を求めて「最高存在の祭典」を挙行する一方で、人民の代表者により多くの《美徳》を求めたのだった。

そうした人間は集団の中で、しかもリーダー格となると、なかなか厄介である。歴史的には残酷な粛清に加担することになったように、利害調整の場である政治の中で《透明＝純潔》を徹底して求めることは、そもそも証明ができない「犯人」探しのような様相を呈し、しばしば多大な危険を伴う。とはいえ、政治家あるいはエスタブリッシュメントのほとんどが、端《はな》から「政治は個別の利害追求の場だから」と割り切って、あまりに透明さや真実さが失われつつある状況は、民主主義の存続にとって問題なしとは言えないだろう。

民主政治における腐敗を防ぐため、あるいは歴史を動かすために、政治家に「清廉の士」としての覚悟が必要な歴史的モメントがあるのではないか。彼のような人間が活躍するのは望ましい時代とは思えないが、世界中で民主主義への不信が広がる今、彼の精神の遍歴から伝わってくるメッセージは傾聴に値する面があるはずである。

＊

フランス革命の専門家でもなく、ロベスピエール自身に特別な関心を持っていたわけでもない著者が、「独裁者」と呼ばれる男の評伝を書くに至ったのはどうしてか。新潮社の三辺直太さんに、ある会合で最初にお声をかけていただいてから八年ほどの月日が流れた。最初はお断りしたはずの企画だが、いつの間にかお引き受けすることになっていた。フランス社会主義の思想家たちの研究から「革命宗教」にちょうど関心を持ち始めていたこともあって、あるときロベスピエールの名前を出した。すると、「それですよ！」と三辺さんから返答を頂いた記憶がある。それから雑誌での連載を始めるまでに一年、連載が二年とお待たせしたが、その間も一般読者の視点に立った貴重なコメントをくださった三辺さんがいなければ、この種の評伝を書くことはなかっただろう。心より感謝を申し上げます。また、職人技で原稿を丁寧かつ精確に点検してくださった、新潮社校閲部の内海富喜子さんにも、この場を借りて謝意を表します。

ロベスピエールの全集を取り寄せ、読み始めると、政治思想の観点から興味深い論点がいくつか浮かび上がってきた。それで新しい視座から何か論じられると思ったのだが、歴史学的には新しい知見を示しているわけではない。むしろ、近年でも山﨑耕一先生のフランス革命論や高橋暁生先生のロベスピエールの伝記の訳業をはじめ、先達によって蓄積されてきた革命史学の研究に多くを依拠している。また、松浦義弘先生からは、国内の貴重なロベスピエール研究のお仕事から刺激を受け、脱稿前に直接お話を伺う機会もあった。お礼を申し上げます。

この間お世話になった方々すべてのお名前を挙げることはかなわないが、記して深く感謝します。特に、本書脱稿後に亡くなった母に、格別の敬意と感謝を込めて、この小著を捧げます。

二〇二四年向暑　髙山裕二

註

プロローグ

(1) A Report from the Centre for the Future of Democracy, "Youth and Satisfaction with Democracy," 19 October 2020. (https://www.bennettinstitute.cam.ac.uk/wp-content/uploads/2022/06/Youth_and_Satisfaction_with_Democracy-lite.pdf)

(2) Roberto Stefan Foa & Yascha Mounk, "The Danger of Deconsolidation: The Democratic Disconnect," *Journal of Democracy* 27 (3), July 2016, pp. 5-17.

(3) エリカ・フランツ『権威主義――独裁政治の歴史と変貌』（上谷直克・今井宏平・中井遼訳、白水社、二〇二一年）、五九頁。

(4) Maurice Duverger, *Institutions politiques et droit constitutionnel*, 10e éd. (Paris: PUF, 1968), p. 84.

(5) リン・ハント『フランス革命の政治文化』（松浦義弘訳、ちくま学芸文庫、二〇二〇年）、九六～九七頁。

(6) ジャン・スタロバンスキーはルソー思想を読み解く際に、「危機にさらされている透明性の保全と復元を目的としている、意図の一貫性に注目しなければならない」と言っているが、その種の意図が現実社会との対立・軋轢そして誤解を生んだのはロベスピエールの場合も同じだろう。「強力であると同時に〔透明性への〕単一な、この欲求に関しては、疑問をはさむ余地はない。この欲求が具体的な努力や問題を含んだ状況と対決しようとするときに、誤解がはじまるのである」。スタロバンスキー『ルソー 透明と障害』（山路昭訳、みすず書房、一九九三年）、一九～二〇頁。

(7) この側面に光を当てる意義を最近主張しているのは、フランスの政治思想史家マルセル・ゴーシェである。Marcel Gauchet, *Robespierre: L'homme qui nous divise le plus* (Paris: Gallimard, 2018). 日本国内ではロベスピエールの権力奪取の政治過程を「世論」の支配という観点から公平に評価した先駆的業績として、松浦義弘「ロベスピエールとフランス革命――文化現象としてのロベスピエールの言説」（『思想』九三八、二〇〇二年）、四八～七五頁がある。

(8) マルク・ブゥロワゾォ『ロベスピエール』（遅塚忠躬訳、文庫クセジュ、一九五八年）、九～一〇頁。もっとも、ロベスピエールは没後、マチエの時代（二〇世紀前半）までずっと無視されてきたわけではない。一八三二年から三四年の間に妹シャルロット（一八三四年没）の回想録や、演説原稿を中心にしたロベスピエールの著作集が公刊され四〇年に再刊された背景には、七月王政期の共和主義者によって彼が注目され「黄金伝説」として語られるようになったことがあった。この再評価に関する近年の研究として、Marion Pouffary, *Robespierre: monstre ou héros?* (Lille: Septentrion, 2023) がある。

(9) それでも近時はロベスピエール再評価がフランス本国では顕著に見られ、ここ数年に刊行された伝記的研究は膨大にある。ここでは本書で特に参照した二つの代表的研究のみを紹介する。Hervé Leuwers, *Robespierre* (Paris: Fayard, 2016

[2014]）は現代ロベスピエール研究の第一人者による、現時点でもっとも水準の高い伝記である。また、ピーター・マクフィー『ロベスピエール』（高橋暁生訳、白水社、二〇一七〔原著は二〇一二〕年）は英語圏でもっとも読者を得た伝記のひとつで、本書でもロベスピエールの伝記的事実を中心に多く参照し彼の著作集や資料の訳出でも参考にした。他方、戦後日本国内におけるロベスピエールへの再注目は、井上幸治『ロベスピエール——ルソーの血ぬられた手』（誠文堂新光社、一九六二年）を嚆矢とするが、その後体系的な伝記的研究はない。なお、松浦義弘『ロベスピエール——世論を支配した革命家』（山川出版社、二〇一八年）はリブレット（小冊子）だが、現代日本の第一人者による上質な入門書である。

第一章

（1）マクフィー『ロベスピエール』、二六頁。

（2）アーサー・ヤング『フランス紀行』（宮崎洋訳、法政大学出版局、一九八三年）、一二五頁。

（3）マクフィー『ロベスピエール』、四七頁。

（4）同右、四一頁。

（5）同右、四三〜四四頁。

（6）Ruth Scurr, *Fatal Purity: Robespierre and the French Revolution* (London: Vintage, 2007), pp. 27-28.

（7）ルソー『告白（上）』（小林善彦訳、白水社、一九八六年）、九頁。

（8）Leuwers, *Robespierre*, p. 30.

（9）*Papiers inédits trouvés chez Robespierre, Saint-Just, Payan, etc.*, t. 1 (Paris: Baudouin frères, 1828), pp. 154-155.

（10）Scurr, *Fatal Purity*, p. 31.

第二章

（1）ブゥロワゾォ『ロベスピエール』、一三頁。

（2）マクフィー『ロベスピエール』、六七頁。

（3）*Papiers inédits trouvés chez Robespierre*, t. 1, p. 157.

（4）Scurr, *Fatal Purity*, p. 33.

（5）Charlotte Robespierre, *Mémoires de Charlotte Robespierre sur ses deux Frères*, 2^{em}éd (Paris: au Dépot Central,1835), p.69.

（6）Scurr, *Fatal Purity*, p. 35.

（7）ルソー『告白（上）』、一九六頁。

（8）ブゥロワゾォ『ロベスピエール』、一五頁。

第三章

（1）マクフィー『ロベスピエール』、七八頁。

（2）Scurr, *Fatal Purity*, pp. 47-49.

（3）ブゥロワゾォ『ロベスピエール』、一六頁。

（4）ルソー『エミール（下）』（樋口謹一訳、白水社、一九八六年）、一五九頁。

（5）Scurr, *Fatal Purity*, pp. 38-39.

第六章

（1）浦田一郎『シエースの憲法思想』（勁草書房、一九八七年）、一八一〜一八二頁。
（2）マクフィー『ロベスピエール』、一四三頁。
（3）Scurr, *Fatal Purity*, p. 116.

第七章

（1）和辻哲郎『新編 国民統合の象徴』（中公クラシックス、二〇一九年）、一八頁。
（2）Timothy Tackett, *The Coming of the Terror in the French Revolution* (Cambridge & London: Harvard University Press, 2015), pp. 73-74.
（3）Ibid., pp. 92-94.
（4）Charlotte, *Mémoires de Charlotte Robespierre sur ses deux Frères*, 2^{em}éd, p. 71.
（5）マクフィー『ロベスピエール』、一五九頁。

第九章

（1）井上幸治『ロベスピエール』、一一一頁。
（2）Tackett, *The Coming of the Terror in the French Revolution*, p. 157.
（3）Timothy Tackett, "Conspiracy Obsession in a Time of Revolution: French Elites and the Origins of the Terror, 1789-1792," *The American Historical Review* 105(3) (2000), p. 706.
（4）リン・ハント『フランス革命の政治文化』、八九頁。
（5）マクフィー『ロベスピエール』、二〇八〜二〇九頁。
（6）Raymonde Monnier, "Robespierre et la commune de Paris," in *Robespierre: De la Nation artésienne à la République et aux Nations*, eds. Leuwers et al. (Lille: CHRN, 1994), p. 126.
（7）リン・ハント『フランス革命の政治文化』、九三頁。

第一〇章

（1）山﨑耕一『フランス革命』、一四四〜一四五頁。
（2）ルソー『社会契約論』（作田啓一訳、白水Uブックス、二〇一〇年）、六二〜六三頁。
（3）松浦義弘『ロベスピエール』、五三〜五四頁。
（4）Leuwers, *Robespierre*, p. 241.
（5）Ibid., pp. 241-242.
（6）マクフィー『ロベスピエール』、二二一頁。
（7）Leuwers, *Robespierre*, pp. 246-247.
（8）木崎喜代治『マルゼルブ——フランス一八世紀の一貴族の肖像』（岩波書店、一九八六年）、三三六頁。

第一一章

（1）モニク・ルバイイ編『ギロチンの祭典——死刑執行人から見たフランス革命』（柴田道子ほか訳、ユニテ、一九八九年）、六八頁。
（2）森山軍治郎『ヴァンデ戦争——フランス革命を問い直す』（ちくま学芸文庫、二〇二二年）、一〇三頁。

第一二章

（1）*Papiers inédits trouvés chez Robespierre*, t. 2, p. 15.

（2）波多野敏『生存権の困難――フランス革命における近代国家の形成と公的な扶助』（勁草書房、二〇一六年）、二四二〜二四三頁。

（3）Leuwers, *Robespierre*, p. 290.

（4）以下、遅塚忠躬『ロベスピエールとドリヴィエ――フランス革命の世界史的位置』（東京大学出版会、一九八六年）を参照。

（5）同右、一四七頁。

（6）辻村みよ子『フランス革命の憲法原理――近代憲法とジャコバン主義』（日本評論社、一九八九年）、第三章を参照。

第一三章

（1）山﨑耕一『フランス革命』、一七一頁。

（2）前川貞次郎「人民の友・マラー」桑原武夫編『フランス革命の指導者』（朝日選書、一九七八年）、二二三頁。

（3）マチエ『フランス大革命（下）』（ねづまさし・市原豊太訳、岩波文庫、一九五九年）、四九頁。

（4）シュテファン・ツワイク『マリー・アントワネット（下）』（高橋禎二・秋山英夫訳、岩波文庫、一九八〇年）、二八六頁。

（5）同右、二一四頁。

（6）フランソワ・フュレ、モナ・オズーフ編『フランス革命事典1』（河野健二ほか監訳、みすず書房、一九九五年）、三八七頁。

（7）ツワイク『マリー・アントワネット（下）』、二八七頁。

第一四章

（1）R. R. Palmer, *Twelve Who Ruled: The Year of Terror in the French Revolution* (Princeton, NJ: Princeton University Press, 2017 [1941]), p. 72.

（2）マチエ『フランス大革命（下）』、一四一頁。

第一五章

（1）Antoine Boulant, *Le tribunal révolutionnaire: Punir les ennemis du peuple* (Paris: Perrin, 2018), pp. 36-37.

（2）マクフィー『ロベスピエール』、二七六頁。

（3）マチエ『フランス大革命（下）』、一八八頁。

（4）マクフィー『ロベスピエール』、二九一頁。

（5）同右、二八九〜二九〇頁。

（6）同右、二九一頁。

（7）この事実に関しては、山﨑耕一『フランス革命』、一八六〜一八七頁を参照。

（8）Tackett, *The Coming of the Terror in the French Revolution*, p. 330.

（9）松浦義弘『フランス革命とパリの民衆――「世論」から「革命政府」を問い直す』（山川出版社、二〇一五年）、一一〇、一三九〜一四〇頁。

（10）同右、一五七頁。

（11）同右、一四〇頁。
（12）Tackett, *The Coming of the Terror in the French Revolution*, p. 330.
（13）Ibid., p. 333.

第一六章

（1）Saint-Just, *Œuvres complètes* (Paris: Gallimard, 2004), p. 742. 以下、引用の際はOCと略記し、頁数とともに本文中に記す。
（2）ジュール・ミシュレ『フランス革命史（上）』（桑原武夫ほか訳、中公文庫、二〇〇六年）、二一九頁。
（3）アデライード・ド・プラース『革命下のパリに音楽は流れる』（長谷川博史訳、春秋社、二〇〇二年）、一七頁。
（4）同右、二三一～二三二頁。以下、祭典の描写も同書を参照。
（5）アルベール・マチエ「ロベスピエールと最高存在の崇拝」［一九一〇年］『革命宗教の起源』（杉本隆司訳、白水iクラシックス、二〇一二年）、一八八頁。
（6）プラース『革命下のパリに音楽は流れる』、二九〇～二九九頁。
（7）Jonathan Smyth, *Robespierre and the Festival of the Supreme Being: The Search for a Republican Morality* (Manchester: Manchester University Press, 2016), pp. 32-33. マクフィーによれば、全国から届いた祭典の祝辞を伝える書簡は、一二三五通だった。『ロベスピエール』、三〇七頁。
（8）同右、三〇六～三〇七頁。

第一七章

（1）山﨑耕一『フランス革命』、二一三頁。
（2）同右、二一四～二一五頁。
（3）Leuwers, *Robespierre*, p. 341.
（4）Palmer, *Twelve Who Ruled*, p. 364.
（5）Leuwers, *Robespierre*, p. 350.

第一八章

（1）Leuwers, *Robespierre*, p. 358.
（2）Alphonse Aulard, *La Société des Jacobins*, t. 6, (Paris: Maison Quantin, 1897), p. 287.
（3）Ibid., p. 288.
（4）Ibid.
（5）Leuwers, *Robespierre*, p. 363.
（6）*Biographie universelle et portative des contemporains, ou, Dictionnaire historique des hommes vivants, et des hommes morts depuis 1788 jusqu'a(Jusqu'a) nos jours* (Paris: F. G. Levrault, 1834), pp. 1388-1391.
（7）シュテファン・ツワイク『ジョゼフ・フーシェ――ある政治的人間の肖像』（高橋禎二・秋山英夫訳、岩波文庫、一九七九年）、一一四～一一五頁。
（8）M-H. Bourquin, *Monsieur et Madame Tallien* (Paris: Perrin, 1987), p. 217.

第一九章

（1）以下、「運命の日」の経過についてはColin Jones, *The Fall of Robespierre: 24 Hours in Revolutionary Paris* (New York: Oxford University Press, 2021) を参照。

（2）松浦義弘『フランス革命とパリの民衆』、三三四頁。

（3）ルバイイ『ギロチンの祭典』、三六一頁。

（4）Marisa Linton, *Choosing Terror: Virtue, Friendship, and Authenticity in the French Revolution* (Oxford: Oxford University Press, 2013), pp. 267-268. なお、失脚の数ヶ月前から世論操作によってロベスピエールの「暴君」像が作られ、失脚後は「怪物」としての悪評が定着する政治過程を論じた伝記として、Jean-Clément Martin, *Robespierre : la fabrication d'un monstre* (Paris: Perrin, 2016), ch. 8-9がある。

（5）Leuwers, *Robespierre*, p. 372.

（6）Galart de Montjoie, *Histoire de la conjuration de Maximilien Robespierre* (Paris: Chez les marchands de nouveautés, 1795), p. 4.

（7）Ibid., p. 180.

（8）Ibid., pp. 148-149.

（9）E. B. Courtois, *Rapport fait au nom de la Commission chargée de l'examen des papiers trouvés chez Robespierre et ses complices* (Paris: Chez Maret, 1795), pp. 14, 30-31.

（10）山﨑耕一『フランス革命』、二二九頁。

（11）同右、二三二頁。ロベスピエール後の政治過程についても、同書を参照。

（12）ツワイク『ジョゼフ・フーシェ』、一三〇頁。

第二〇章

（1）L. S. Mercier, *Paris pendant la révolution (1789-1798) : ou Le nouveau Paris*, t. 2 (Paris: Poulet-Malassis, 1862), p. 410.

（2）Linton, *Choosing Terror*, pp. 270-271.

（3）Bronislaw Baczko, "The Terror before the Terror," in *The French Revolution and the Creation of a Modern Political Culture, v. 4, The Terror*, ed. K. Baker (Oxford: Pergamon Press, 1994), pp. 19-38.

（4）ファン・リンス『民主体制の崩壊――危機・崩壊・再均衡』（横田正顕訳、岩波文庫、二〇二〇年）、一一二～一一三頁。

（5）G・ルフェーヴル『革命的群衆』（二宮宏之訳、岩波文庫、二〇〇七年）、四四～四六頁。

（6）同右、五六頁。

（7）ピエール・ガスカール『ロベスピエールの影』（佐藤和生訳、法政大学出版局、一九八五年）、二一五頁。

（8）*Papiers inédits trouvés chez Robespierre*, t. 1, pp. 157-158.

（9）Alexis de Tocqueville, *Œuvres: Bibliothèque de la Pléiade*, t. 3, eds. F. Furet and F. Mélonio (Paris: Gallimard, 2004), p. 56.

（10）Michel Biard, "Entre Gironde et Montagne: Les positions de la Plaine au sein de la Convention nationale au

printemps 1793," *Revue historique* 631 (2004), pp. 555-576.
(11) J. M. Thompson, *Leaders of the French Revolution* (Oxford: Basil Blackwell, 1988), p. 202.

エピローグ

(1) ミシュレ『フランス革命史（下）』、二七七頁。
(2) 同右、二八一頁。
(3) フュレ、オズーフ『フランス革命事典1』、二八三頁。
(4) 辻村みよ子「フランス革命における1793年憲法の研究 序説（一）」『一橋研究』（一〈三〉、一九七六年）、一〇七頁。蜂起権については、サン＝ジュストも「共和国の諸制度に関する断片」で「人民の排他的な権利」と認める一方で、自由国家においては「時として危険だ」と述べている（OC: 1119-1120, 1126）。
(5) フュレ、オズーフ『フランス革命事典1』、二八五頁。
(6) この点は、富永茂樹「立法者の死——政治の宗教社会学のために」『社会学評論』（四四〈三〉、一九九三年）、二八二〜二九七頁を参照。
(7) Gauchet, *Robespierre*, p. 259.
(8) これは正確に言えば、ジョン・ロールズの解釈するルソー思想を指す。「ルソー 講義」『ロールズ 政治哲学史講義Ｉ』（サミュエル・フリーマン編、齋藤純一ほか訳、岩波現代文庫、二〇二〇年）。
(9) 松浦義弘「ロベスピエールとフランス革命」、六七〜六八頁。

新潮選書

ロベスピエール　民主主義《みんしゅしゅぎ》を信《しん》じた「独裁者《どくさいしゃ》」

著　者………………髙山裕二《たかやまゆうじ》

発　行………………2024年11月20日

発行者………………佐藤隆信

発行所………………株式会社新潮社
〒162-8711 東京都新宿区矢来町71
電話　編集部 03-3266-5611
　　　読者係 03-3266-5111
https://www.shinchosha.co.jp
シンボルマーク／駒井哲郎
装幀／新潮社装幀室

印刷所………………株式会社光邦
製本所………………株式会社大進堂

ISBN 978-4-10-603915-7 C0323

貴族とは何か
ノブレス・オブリージュの光と影
君塚直隆

金でも、権力でも、血統でもない、「高貴さの秘密」とは何か。古代ギリシャから現代イギリスまで、波乱万丈の貴族の興亡史から、階級社会の本質を描く。

《新潮選書》

立憲君主制の現在
日本人は「象徴天皇」を維持できるか
君塚直隆

各国の立憲君主制の歴史から、君主制が民主主義の欠点を補完するメカニズムを解き明かし、日本の天皇制が「国民統合の象徴」として機能する条件を問う。

《新潮選書》

悪党たちの大英帝国
君塚直隆

辺境の島国を世界帝国へ押し上げたのは、七人の悪党たちだった。ヘンリ八世、クロムウェル、パーマストン、チャーチル……その驚くべき手練手管を描く。

《新潮選書》

悪党たちの中華帝国
岡本隆司

中国の偉人はなぜ「悪党」ばかりなのか。安禄山、馮道、永楽帝、朱子、王陽明、梁啓超……十二人の事績を辿り、彼らが悪の道に堕ちた背景を解き明かす。

《新潮選書》

反知性主義
アメリカが生んだ「熱病」の正体
森本あんり

民主主義の破壊者か。平等主義の伝道者か。米国のキリスト教と自己啓発の歴史から、反知性主義の恐るべきパワーと意外な効用を鮮やかな筆致で描く。

《新潮選書》

不寛容論
アメリカが生んだ「共存」の哲学
森本あんり

「不愉快な隣人」と共に生きるにはどうすればいいのか。植民地期のアメリカで、多様性社会を築いた偏屈なピューリタンの「キレイごとぬきの政治倫理」。

《新潮選書》

戦後史の解放Ⅰ
歴史認識とは何か
日露戦争からアジア太平洋戦争まで
細谷雄一
なぜ今も昔も日本の「正義」は世界で通用しないのか――世界史と日本史を融合させた視点から、日本と国際社会の「ずれ」の根源に迫る歴史シリーズ第一弾。
《新潮選書》

明治維新の意味
北岡伸一
驚くほどのスピード感をもって進められた近代国家樹立。それを可能にした人的要素と政策論議のあり方を、政治外交史の専門家が独自の観点から解明する。
《新潮選書》

「維新革命」への道
「文明」を求めた十九世紀日本
苅部直
明治維新で文明開化が始まったのではない。日本の近代は江戸時代に始まっていたのだ。十九世紀の思想史を通観し、「和魂洋才」などの通説を覆す意欲作。
《新潮選書》

未完の西郷隆盛
日本人はなぜ論じ続けるのか
先崎彰容
アジアか西洋か。道徳か経済か。天皇か革命か。福澤諭吉・頭山満から、司馬遼太郎・江藤淳まで、西郷に「国のかたち」を問い続けた思想家たちの一五〇年。
《新潮選書》

大久保利通
「知」を結ぶ指導者
瀧井一博
冷酷なリアリストという評価にいまだ支配される大久保利通。だが、それは真実か？　膨大な史資料を読み解き、現代に蘇らせる、新しい大久保論の決定版。
《新潮選書》

尊皇攘夷
水戸学の四百年
片山杜秀
天皇が上か、将軍が上か？　維新は水戸学の究極の問いから始まった。徳川光圀から三島由紀夫の自決まで、日本のナショナリズムの源流をすべて解き明かす。
《新潮選書》